GREEN BOOK OF INNOVATION:
ANNUAL REPORT ON CHINESE
AUTOMOTIVE ENTERPRISES' INNOVATION
(2017)

创新绿皮书：
中国汽车企业创新报告(2017)
安亭指数

汽车评价研究院 ◎编著

经济管理出版社
ECONOMY & MANAGEMENT PUBLISHING HOUSE

图书在版编目（CIP）数据

创新绿皮书：中国汽车企业创新报告（2017）／汽车评价研究院编著. —北京：经济管理出版社，2018.4

ISBN 978-7-5096-5736-2

Ⅰ.①创… Ⅱ.①汽 Ⅲ.①汽车企业—企业创新—研究—中国 Ⅳ.①F426.471

中国版本图书馆 CIP 数据核字（2018）第 066045 号

组稿编辑：范美琴

责任编辑：范美琴

责任印制：黄章平

责任校对：陈　颖

出版发行：经济管理出版社
　　　　　（北京市海淀区北蜂窝 8 号中雅大厦 A 座 11 层　100038）

网　　址：www. E-mp. com. cn

电　　话：（010）51915602

印　　刷：北京晨旭印刷厂

经　　销：新华书店

开　　本：710mm×1000mm /16

印　　张：11. 25

字　　数：168 千字

版　　次：2018 年 8 月第 1 版　　2018 年 8 月第 1 次印刷

书　　号：ISBN 978-7-5096-5736-2

定　　价：58. 00 元

中国汽车企业创新报告编委会

序

为什么创建中国汽车企业创新安亭指数

李庆文

汽车评价研究院院长

创新对于人类的重要性、对于一个国家和民族的重要性，过去已经被阐述得十分到位，其高度难以超越。

创新是人类文明进步的灵魂，是一个国家和民族持续发展的不竭动力。创新是引领发展的第一动力。创新驱动发展战略是国家战略。中国即将实现的小康社会所依靠的是创新，迈入发达国家行列也必须依靠创新，实现强国目标更加需要创新。汽车创新在国家创新战略宏伟蓝图中，地位重要，作用突出，任务艰巨。

中国依靠创新已成为全球产销第一的汽车大国，但是，创新还没有真正起到第一动力作用。

这个阶段的汽车创新，主要是政策和商业模式的创新。中国由于打开了长期封闭的国门，实行了对外开放战略，汽车企业率先与跨国汽车企业开展合资合作，以中国独特的商业模式和产业政策，承接了当时世界汽车产业的转移，利用巨大的市场资源获得了快速扩张和发展，成为全球最大的汽车制造国。遗憾的是，在最大的制造国内却没有最大的汽车企业，更没有世界一流的具有创新能力的企业。中国既不是最大的汽车创造国，也不是先进的汽车创造国。仅有商业模式创新、引进消化和集成创新，没有强大的、一流的原始创新，中国是不可能成为汽车创造型国家的。原始创新能力不强导致中国汽车企业大而不强，说明创新还没有成为中国汽车发展的第一动力。

中国是全球汽车资源涌入的热土，但仍然不是全球汽车创新的中心。

当今，世界各国汽车企业以及相关机构都积极进入中国，如果没有在中国争取到发展的机会，就意味着落后。各种汽车资源涌入中国的热情之高、数量之多、范围之广，举世无双。但是，这些汽车资源还严重缺乏原创技术。从外面涌入的多数是掘金资源，基本上是成熟技术，几乎没有到中国来进行原始创新的，而我们自己仍然没有在原始创新上投入大的力量和资源。中国正处在由较低水平的创新向高水平的创新转变的过程中，仍然不是全球汽车创新的中心。

中国是全球汽车创新最活跃、最有活力的国家，但仍然缺少引领全球汽车创新的企业。

如果从汽车创新的活跃度和热度来看，中国名列前茅，当之无愧。中国有全球最积极的造车新企业，号称造车新势力；中国有最勇敢的汽车投资者，他们前仆后继。汽车行业外的投资者的勇敢进入，催生出一大批创新创业者。可是，真正成为行业创新引领者的却凤毛麟角，尤其是在汽车技术创新方面成为引领者的更加稀少。

中国有产销量进入全球前列的大型汽车企业，但是仍然没有具有世界一流创新能力的大型企业。与世界一流汽车企业相比，中国企业的创新能力差距仍然较大。世界汽车强国的共同特征是大型企业创新引领作用强，而中国却恰恰缺少这样的企业。

中国有数量众多的汽车零部件企业，但既缺少综合创新能力强的大型企业，又缺少在专业细分领域居于全球前列的企业。反观汽车业发达的国家，如德国汽车工业中有大量的隐形冠军，美国汽车工业中有敢为天下先，创造新概念、新模式、新技术的颠覆性创新企业。

汽车创新的主体是企业。主体强则整体强；主体不强，整体不可能强。中国汽车由制造大国向创新大国转变，希望在企业，决胜的力量也在企业。

如何鼓励、支持、鞭策汽车企业大胆创新、坚持创新、持续创新；如何启发、引领、引导汽车企业高效创新、成功创新，使其成为引领世界汽车发展的创新主体，推动汽车行业发展动能转换，使创新成为中国汽车产业发展的第一动力，将我国建成以创造为主的汽车强国，为重新定义汽车做出中国贡献，是我们共同面临的任务。

这些，就是我们创建中国汽车企业创新安亭指数的内在动力和目标，更是我们的理想和使命！

创建一个全新的汽车创新评价指数，不是一件容易的事，仅靠我们自己的智慧和力量是难以完成的。我们邀请到了国内企业创新评价界知名专家郭铁成、张赤东研究员作为课题的首席专家。中共嘉定区委书记马春雷，中国汽车工程学会理事长、中国汽车人才研究会理事长付于武，中国汽车工业协会常务理事长董扬，清华大学汽车技术与战略研究院院长赵福全教授、中国汽车人才研究会常务副理事长兼秘书长朱明荣担任特别顾问。中国汽车技术中心、中国汽车工程研究院、中国科学学会科技创新政策研究专业委员会、中国经济技术发展学会科技创新专业委员会、清华大学创新研究中心、清华大学汽车技术与战略研究院为我们提供了强有力的学术支持。上海市嘉定区、中国汽车人才研究会、上海国际汽车城、上海安亭国家汽车及零部件出口基地对指数研究给予了大力支持。

正因为有了他们的支持和帮助，我们才创建出中国首创、世界唯一的中国汽车企业创新安亭指数。

这个指数必将对中国汽车企业创新在方向上起到引领作用，在战略上起到启示作用，在策略战术上起到借鉴参考作用。

这个指数对政府部门制定推动汽车企业创新发展的政策具有参考价值，对科研机构选择合作伙伴具有目录价值，对新闻传播具有定音价值。

这个指数用科学的方法客观描述了中国汽车企业创新的现状，发现中国汽车企业创新的一些特殊现象和规律，预判了中短期中国汽车企业创新的趋势，为展望未来中国汽车企业创新发展提供了宝贵资源。

这个指数的诞生顺应了中国汽车业由大变强的大势，中国成为汽车强国之势如同黄河之水天上来，气势磅礴，恢宏伟岸；如同万里长江波涛汹涌，后浪推前浪，一浪又比一浪高；如同屹立的长城意志坚强，迎风傲雪。

我们共同以此为荣！

2017 年 12 月 6 日

目　录

第一篇

方 法 论

中国汽车企业创新评价方法

郭铁成

中国汽车企业创新评价首席专家

2017 年中国汽车企业创新评价分为两个系列，即中国汽车企业创新综合排名、中国汽车企业创新单项排名。

综合排名分为乘用车、载重车、客车、零部件四个板块，每个板块按照企业 2017 年"中国汽车企业创新指数"（AII）即"安亭指数"数值的高低，确定企业名次。

单项排名是分别根据 2017 年研发、专利、创新效益和成长性四个单项指数数值的高低，确定企业名次。

一、创新评价的目的和性质

1. 评价目的

坚持创新、协调、绿色、开放、共享五大发展理念，贯彻落实创新驱动发展战略，以创新为引领发展的第一动力，促进中国汽车产业自主创新，引领中国汽车产业转型升级，向生产服务化、个性化，产品电动化、智能化，使用共享化的方向发展，实现中国从汽车大国向汽车强国的跃升。

2. 评价性质

评价为第三方评价，由中国汽车企业创新评价专业顾问委员会指导，在国内一流创新政策研究机构的学术支持下，由汽车评价研究院组织实施。评价期间有关评价的信息不公开，不通知被评价企业，被评价企业无须申报，也没有答辩和复议；评价以指数数值大小为唯一标准，不受任何外力影响；评价结果向社会公开发布，供政府主管部门参考。

二、汽车企业创新综合指数

综合指数采取量化方法合成，即把定量指标、定性指标都量化为相应数值，然后统一合成为综合指数，以指数数值大小为标准进行评价。

综合指数是由指标体系的数值合成的。首先确定评价的指标体系，对每个指标进行无量纲化，再经标准化赋予指标分值；然后乘以该指标的权数，加总后生成一个综合的评价指标数值，即综合评价指数。为符合习惯，我们进一步把综合评价指数的值域调整为0~100，即在根据指数大小来评价企业的创新时，本次创新指数最大值为100，越接近100，说明企业创新能力越强；越远离100而接近0，则说明企业创新能力越弱。

三、综合指数的指标体系

综合指数的指标体系由创新"铁三角"构成。"铁三角"的第一条边是创新投入，第二条边是经济产出，第三条边是技术结构。一级指标3个；二级指标14个，其中创新投入的二级指标7个，经济产出的二级指标4个，技术结构的二级指标3个。

创新"铁三角"的基本逻辑是：创新是科学技术要素进入经济社会并带来价值增加的过程，就汽车企业而言，创新是创新投入带来经济产出，同时优化技术结构的过程。创新投入、经济产出、技术结构相辅相成、不可或缺，单独看任何一项指标都只是必要条件，结合在一起就是充要条件，合成后就是汽车企业创新指数（AII）。

判断一个企业的创新，首先要根据企业的创新投入。要创新，必须有创新投入，否则科技要素无法进入生产。一般而言，创新投入可分为研发投入与非研发投入两大类。非研发投入包括人力资本和知识产权两小类。

需要说明的是，当年的创新投入不一定全部反映在当年的销量和增加值中，而当年的销量和增加值也不完全是当年创新投入的结果，创新从投入到经济产出存在一个滞后期，或者说创新投入到经济产出的周期要长于一年。有学者研究了194家中国创新型企业，发现从企业研发投入到发明专利申请的滞后期为1~2年，其中第2年关联性最强，而后相关性降低。考虑到汽车产业资产密集的特点，在核算创新投入和经济产出时，我们以三年为周期，即采用三年的平均数据。

企业有创新投入，但不一定有创新。如果有创新投入，但创新没有效率，或者创新失败了，结果没创造价值，甚至造成了价值损失。因此，判断企业的创新，除了有创新投入，还必须创造价值，形成经济产出。如果一个企业创新投入较多，经济产出也较多，那么这个企业的创新能力就较强。经济产出对企业来说就是利润和销量。

创新投入如果是有效的，不仅体现在利润和销量上，而且还体现在企业的技术结构上。同样是创新投入，有的投入传统产品的改进，有的投入未来技术的研发，效果是完全不同的。技术结构对企业来说就是先进技术的比重，诸如重大技术奖项、高能专利、新能源车数量、油耗等。

"铁三角"体系充分考虑了企业战略、体制、政策、文化等制度性因素。一切制度性因素对创新的影响，最终必然物化为创新要素，体现在生产效果上，因此事实上已经包括在创新投入、经济产出和技术结构的指标中。不存在制度很好但投入少、产出差、结构差的情况；或制度很差但投入多、产出多、结构好的情况。

四、汽车企业创新单项指数

单项指数分为研发、专利、创新效益和成长性四类。

单项指数是由单项数值合成的平均数、中位数、众数、相对数等数值。基于惯例和实际情况，本次评价采用的方法是平均数。

（1）研发单项指数：以企业研发经费内部支出为指标，取值方法为单项指标数值三年的平均值。如：研发指数值＝（第1年研发投入＋第2年研发投入＋第3年研发投入）/3。

（2）专利单项指数：以企业拥有的有效发明专利数为指标，取值方法同上。

（3）创新效益单项指数：以单位资产利润率为指标，取值方法同上。

（4）成长性单项指数：以企业主营业务收入增长率为指标，取值方法同上。

五、指标选取的基本原则

1. 客观性原则

以客观事实指标为主，专家判断指标为辅。以客观事实指标为主，避免了主观判断的随意性，基本保证了客观性；但客观事实指标并不能完全穷尽所有事实，存在信息遗漏偏差，需要专家判断指标加以对冲，以弥补事实指标的不足。

2. 简明性原则

最大程度简化指标的层级和数量。简明扼要可以避免交叉重复，易于在指标间的关联性和独立性之间找到平衡点，达到逻辑上和内容上的帕累托最优。

3. 可行性原则

指标数据必须可采集、可获得。如果指标很好，但数据不可采集，或可采集但不可获得，就不能作为评价指标。反过来，有些指标次优，但可采集、可获得，就可以作为评价指标。

4. 通用性原则

所有指标必须是权威部门发布，业内普遍使用，可以进行国际比较的。对于学者使用的研究性指标，个别企业或个别地方自行设立的指标，不予采用。

六、企业参评条件

1. 评价范围

评价范围按照地域原则，除中国台湾、中国香港、中国澳门外，凡在中华人民共和国范围内的企业，无论内资、合资、外资一视同仁，均在评价范围内。

2. 评价对象

评价对象为基础法人企业，即最基本的企业单位，而不包括由多种基础法人企业组合而成的企业集团。

零部件企业的评价对象为上市公司。上市公司的数据质量可以达到评价要求；而非上市公司的数据不可采集、不可获得，即使有的企业创新能力较强，也未列入评价对象。

3. 评价资格

凡在"铁三角"核心指标中有一项指标连续三年为零值或零值以下者，一项否决，自动丧失参评资格。"铁三角"核心指标主要有三项：研发投入、企业利润、发明专利。

七、数据来源

中国汽车企业创新评价的数据来源包括：中国汽车工程学会数据、中国汽车工业协会数据、上市公司公告、incoPat 专利数据库、《中国汽车年鉴》。

第二篇

中国乘用车创新评价与分析

第一章　中国乘用车企业创新现状分析

乘用车是汽车产业中最为主要的市场组成。它涵盖了轿车、微型客车以及不超过 9 座的轻型客车。乘用车可细分为基本型乘用车（轿车）、多用途车（MPV）、运动型多用途车（SUV）、专用乘用车和交叉型乘用车。

一、增长的全世界最大的汽车市场

2017 年版《中国汽车工业年鉴》数据显示，截至 2016 年底，全国机动车保有量达 2.9 亿辆，其中汽车 1.94 亿辆（见图 1-1），汽车保有量占机动车保有量比重持续提升，近五年占比从 50.4% 提高到 66%；全年新注册登记汽车达到 2752 万辆，保有量净增 2212 万辆；私家车总量达 1.46 亿辆，全国平均每百户家庭拥有 36 辆私家车，成都、深圳等城市每百户家庭拥有私家车超过 70 辆，49 个城市的汽车保有量超过百万辆，18 个城市的汽车保有量超过 200 万辆，6 个城市的汽车保有量超过 300 万辆。

2016 年，全国汽车产销量分别为 2811.88 万辆和 2802.82 万辆，同比分别增长 14.5% 和 13.7%，增幅同比分别增长 11.2 个百分点和 9 个百分点，产销量连续 8 年居世界第一。其中，乘用车产销量分别为 2442.07 万辆和 2437.69 万辆，同比分别增长 15.5% 和 14.9%；商用车产销量分别为 369.81 万辆和 365.13 万辆，同比分别增长 8% 和 5.8%[①]。

---

① 2017 年版《中国汽车工业年鉴》发布　解密汽车消费趋势［EB/OL］.中国新闻网，2017-11-17.

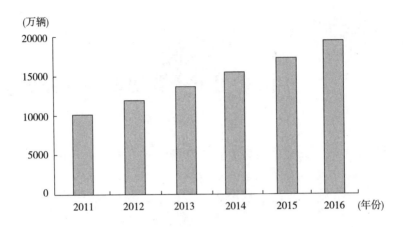

(万辆)

图 1-1　2011~2016 年中国汽车保有量情况

二、快速提升的企业技术创新能力

随着我国市场的开放和增长，乘用车汽车企业技术创新竞争日益激烈，企业技术创新能力不断提高。

在研发投入上，我国乘用车企业 R&D 经费支出额快速增加。据不完全统计，70 家乘用车企业的 R&D 经费内部支出总额从 2013 年的 365.1 亿元增长至 2016 年的 1138.1 亿元（见图 1-2），平均年增长率达到 46.4%。

同期，这 70 家企业的研发人员也快速增长，由 2013 年的 9.1 万人增长至 2016 年的 20.0 万人（见图 1-3），平均年增长率达到 30.7%。

在专利方面，我国乘用车企业专利拥有总量和年度申请授权量均快速增长。同上口径，这 70 家乘用车企业的当年累计有效专利总量由 2013 年的 3.3 万件增长至 2016 年的 6.6 万件（见图 1-4），三年增长了一倍。

同期，这 70 家企业的年度发明专利授权量和专利授权量也分别由 2013 年的 1289 件、10410 件增长至 2016 年的 3289 件、11557 件（见图 1-5），平均年增长率分别为 44.1% 和 3.6%。从专利结构上看，发明专利以相对更快的速度在增长，发明专利占专利的比重在不断提升，企业专利质量大幅提高。

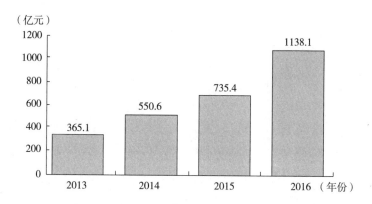

图 1-2　2013~2016 年中国乘用车企业 **R&D** 经费支出变化

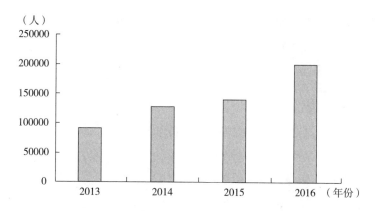

图 1-3　2013~2016 年中国乘用车企业研发人员数增长情况

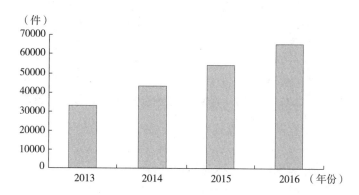

图 1-4　2013~2016 年中国乘用车企业当年累计有效专利总量

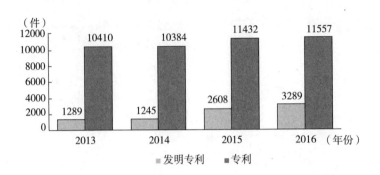

图1-5 2013~2016年中国乘用车企业年度专利和发明专利授权量

在创新产出上，我国乘用车企业技术创新效果显现，新产品销售收入快速增长。上述口径的70家乘用车企业新产品销售收入在2013~2016年由9536亿元增长至22084亿元（见图1-6），增长了一倍多，平均年增长率达到33.5%。

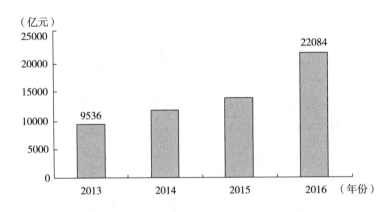

图1-6 2013~2016年中国乘用车企业新产品销售收入增长情况

三、快速变化的技术创新竞争格局

随着我国汽车工业的快速发展，汽车生产量和消费量迅猛增加所带来的对石油和能源的需求、对环境的污染等日益凸显，进而也体现在国家发展战略和创新政策之中，各种因素进一步影响着汽车产品市场的技术创新发展和竞争。

按照 SWOT 分析方法，我们可以将这些影响企业技术创新的主要因素分为四类，并进行一一分析。

（一）优势（Strengths）因素

1. 一批自主品牌车企快速发展

以吉利、长城、奇瑞、江淮、力帆等为代表的自主品牌企业日益走入大众的视野，从低端车到中端车，不断积累技术和经验，在开放合作中不断提升自主创新能力。

2. 促进技术创新的政策

国家逐步确立了汽车业作为经济支柱性产业的政策，每个地区都想要打造出一家具备产品特色和生产规模的知名品牌汽车企业，项目支撑、研发机构建设和工程示范项目支撑等一系列创新政策的出台，有力地推动了本土汽车企业的发展。

3. 日渐充盈的社会资金

对于民族企业而言，最大的优势莫过于政府政策和资金的扶持。在政策放开的情况下，最为紧要的就是资金的筹措。除了政府的政策资金外，随着经济发展，社会流动资金日益丰富，各类基金纷纷建立，汽车产业的巨大市场和盈利潜力，无疑是吸引资本的一个焦点。

4. 快速增长的巨大市场需求

2008 年成为世界第一大汽车市场后，中国汽车销售持续再创新高，正是国人与日俱增的经济实力和购车热情推动了中国汽车行业的前进。不仅如此，中国的汽车市场还远未达到饱和，加之民众投资动产和不动产的热情日渐高涨，从长期看，在经济基本面稳定积极的前提下，中国的汽车市场潜力无限！

(二) 劣势 (Weaknesses) 因素

1. 技术创新平台落后

对国内汽车制造商而言，核心技术问题一直未有突破，再加上研发实力有限，整车技术创新平台落后也就不足为奇。差距是多方面的，包括零配件制造、整车拼装、工艺水平，甚至包括销售和服务领域。奇瑞在高中低端三线同时并肩作战，吉利收购沃尔沃能否顺利消化其品牌，比亚迪开发新能源汽车……这些都须依靠坚实的技术创新实力的提升。因此，汽车企业加强技术创新，以提升长期的硬技术实力储备，显得刻不容缓。

2. 品牌形象低端化

在中高端汽车市场，本土汽车企业一直难有作为。除了产品实力不强外，其品牌形象不高端也是阻碍其向上迈进的重要原因。这方面，吉利公司和奇瑞公司前些年的品牌乱象就是一个典型的证明。

3. 利润率低

力帆尹明善先生曾提出了看似滑稽的"汽车论斤卖"说，"宝马130元一斤，QQ18元一斤"。数据是会说话的，一目了然地反映出某些问题——利润率偏低，这是本土汽车企业的普遍现象。现在，虽然有个别企业的个别车型实现了利润率的提升，但从整体上看，利润率不高仍是我国企业的软肋。

(三) 机遇 (Opportunities) 因素

1. 新能源汽车变革

汽车工业是产业关联度高、规模效益明显、资金和技术密集的重要产业，只有在产业技术变革期才会有更多的赶超机会。进入21世纪，随着新能源技术的快速发展，新能源汽车已经形成一个传统与新型汽车企业变革的阶段性力量。这是我国汽车产业发展的一个难得的大好机会。

2. 创新驱动发展战略的政策引导

从"汽车下乡"计划、"小排量免购置税"等政策，到现在鼓励新能源汽车发展规划，都将从较大程度上刺激汽车消费的增加，而本土汽车一方面定位恰好契合低端、小排量等特点；另一方面也可以在新能源汽车研制上发力，在中国市场快速成长。

3. 全球化中的兼并整合

吉利收购沃尔沃揭开了中国汽车企业真正"走出去"的大幕，虽然有风险，但更多的是机遇。而今，吉利在中高端品牌之中的一系列优秀表现，不得不说它是成功的。在全球化背景下，国内汽车企业完全可以利用手中的资源兼并或收购下游的优势企业，资本市场永远充满诱惑和机遇。

4. 整体工业配套供给能力成熟

目前，我国加快发展汽车工业的条件已基本成熟。从供给角度看，我国石油、冶金、化工、机电、仪器等行业的发展已经为汽车工业的大发展奠定了技术基础，道路、桥梁等基础设施建设的高速发展也为汽车工业的腾飞进一步创造了良好的外部条件。

（四）威胁（Threats）因素

1. 国内汽车市场的国际化

加入世贸组织对改善我国汽车市场环境、优化产业结构、筹措发展资金、参与国际分工都将起到积极的推动作用。不过，加入 WTO 以后关税降低和非关税壁垒逐步取消，尤其是服务贸易的开放，将使我国汽车市场国际化、市场化竞争更加激烈和残酷，国内汽车工业发展面临前所未有的挑战，只能在这种"与狼共舞"的环境中谋求生存和发展。

2. 合资企业技术创新的依赖性

作为当时阶段性政策产物的合资汽车企业，如今面临着一个重要的抉择：是继续作为跨国公司的附庸公司，还是独立发展自己的技术和品牌。长期发展中的对外技术依赖，合资企业基本不具备独立发展的技术能力，但又在国内市场占据巨大的市场份额。

3. 国外资本、技术和品牌的入侵式竞争

近年来，国内一些重要行业龙头企业陆续被外资收购，外资资本的渗透已经从大型企业转向一些中小零部件企业，外资大量入侵正在威胁自主品牌发展，中国汽车零部件企业也遭遇外国资本威胁。再加上在技术和品牌上具有竞争优势，跨国公司在国内汽车市场中的这种入侵已经形成一种竞争优势，让其在中高端汽车市场中的竞争地位更加稳固。

四、走向自主创新的发展路径选择

从以市场换技术到自主创新，是我国产业技术创新发展的一个缩影。技术的行业特征差异是企业技术创新差异的主要原因，对产业技术创新及不同产业中企业技术创新的研究是一个热点问题（蔡铂和聂鸣，2003；葛朝阳和魏江，2003；陈旭，2005；蒋殿春和夏良科，2005；李新男，2007；官健成和陈凯华，2009；贾军等，2013）。

以乘用车为主的汽车产业正是这样一个典型行业。叶平和应爱斌（1997）分析了汽车产业技术创新的现状，认为促进市场竞争可提高创新动力，促进我国汽车产业企业创新。李海鹏（1997）认为，汽车市场封闭、生产长期不成规模、生产装备水平低、产品认证制度不健全、产品开发研制薄弱等是我国汽车产业技术落后的主要原因。李素荣（2001）、汪秀婷等（2002）等对汽车产业技术创新的模式与应对策略进行了分析。

之后，梅永红、路风、赵福全等一批专家学者关于汽车产业自主创新的系列研究与讨论，对汽车企业特别是自主企业的技术创新路径选择产生了较大的影响。一是他们分析了中国汽车产业"技术引进—自主开发—依靠合资模式的技术引进"的发展历程，认为国产化的任何进展都不代表产品开发技术能力的增长（路风和封凯栋，2004a）。二是以哈飞、吉利和奇瑞三个案例分析证明，自主知识产权决定中国汽车工业的生死存亡，中国汽车工业不可能在依赖外国产品的条件下继续生存下去（路风和封凯栋，2004b）。三是在分析自主开发是学习外国技术的最佳途径（路风和封凯栋，2004c）基础上，提出自主开发是中国汽车产业的唯一出路，认为要坚持自主开发和积极的技术学习，学会"两条腿走路"（路风，2004）。

其后，随着国家自主创新战略的确定，自主创新战略成为国内汽车企业的发展大方向，但汽车企业创新研究的文献却不多（朱礼龙和周德群，2006；姜萍，2010）。

第二章 中国乘用车企业创新评价
（安亭指数）排行榜

一、中国汽车（乘用车）企业创新排行榜

在对汽车行业和企业技术创新数据的收集、分类、处理和计算等基础上，采用上文中国汽车企业创新评价方法，得到乘用车企业的安亭指数，由此排出中国汽车（乘用车）企业创新排行榜20强（TOP20），如表2-1所示。

表2-1 中国汽车（乘用车）企业创新排行榜 TOP20

排序	企业名称	安亭指数（AII）
1	浙江吉利控股集团有限公司	82.0
2	长城汽车股份有限公司	79.2
3	上汽通用五菱汽车股份有限公司	79.1
4	广汽本田汽车有限公司	75.8
5	上海大众汽车有限公司	75.3
6	重庆长安汽车股份有限公司	75.2
7	上汽通用汽车有限公司	75.0
8	安徽江淮汽车股份有限公司	74.2
9	比亚迪股份有限公司	73.7
10	奇瑞汽车股份有限公司	73.0
11	神龙汽车有限公司	70.4
12	广州汽车集团乘用车有限公司	66.7
13	力帆实业（集团）股份有限公司	64.6

续表

排序	企业名称	安亭指数（AII）
14	东风悦达起亚汽车有限公司	62.3
15	江铃控股有限公司	62.3
16	一汽-大众汽车有限公司	61.3
17	北京新能源汽车股份有限公司	59.9
18	长安福特汽车有限公司	59.7
19	北京现代汽车有限公司	57.7
20	长安马自达汽车有限公司	56.6

为了反映中国汽车市场中各类企业技术创新的结构情况，我们在安亭指数排行榜中，将自主创新突出的本土企业（简称为自主企业）和引进技术本地化应用创新突出的合资企业、在华的外资全资子公司或区域总部（公司）相区分，分别排出了中国汽车（乘用车）企业创新排行榜之自主企业10强（TOP10，见表2-2）和中国汽车（乘用车）企业创新排行榜之合资企业10强（TOP10，见表2-3）。

表2-2　中国汽车（乘用车）企业创新排行榜之自主企业TOP10

排序	企业名称	安亭指数（AII）
1	浙江吉利控股集团有限公司	82.0
2	长城汽车股份有限公司	79.2
3	重庆长安汽车股份有限公司	75.2
4	安徽江淮汽车股份有限公司	74.2
5	比亚迪股份有限公司	73.7
6	奇瑞汽车股份有限公司	73.0
7	广州汽车集团乘用车有限公司	66.7
8	力帆实业（集团）股份有限公司	64.6
9	江铃控股有限公司	62.4
10	北京新能源汽车股份有限公司	59.9

表 2-3 中国汽车（乘用车）企业创新排行榜之合资企业 TOP10

排序	企业名称	安亭指数（AII）
1	上汽通用五菱汽车股份有限公司	79.1
2	广汽本田汽车有限公司	75.8
3	上海大众汽车有限公司	75.3
4	上汽通用汽车有限公司	75.0
5	神龙汽车有限公司	70.4
6	东风悦达起亚汽车有限公司	62.3
7	一汽-大众汽车有限公司	61.3
8	长安福特汽车有限公司	59.7
9	北京现代汽车有限公司	57.7
10	长安马自达汽车有限公司	56.6

二、乘用车企业研发经费排行榜 TOP10

技术创新投入是提升企业技术创新能力的重要基础。为体现技术创新投入方面的汽车企业表现，我们以企业的 R&D 经费内部支出额为指标，排出了中国汽车（乘用车）企业 R&D 经费支出 10 强（见表 2-4）。

表 2-4 中国乘用车企业 R&D 费用支出排行榜 TOP10

排序	企业名称	R&D 经费支出 （2014~2016 年平均，万元）
1	重庆长安汽车股份有限公司	568364
2	上海大众汽车有限公司	427097
3	上汽通用汽车有限公司	417565
4	比亚迪股份有限公司	395894
5	上汽通用五菱汽车股份有限公司	365343

续表

排序	企业名称	R&D 经费支出 （2014~2016 年平均，万元）
6	浙江吉利控股集团有限公司	330734
7	奇瑞汽车股份有限公司	330031
8	长城汽车股份有限公司	283748
9	神龙汽车有限公司	239571
10	东风悦达起亚汽车有限公司	223594

同样，考虑到汽车企业研发经费支出的结构性问题，我们也同理排出了自主企业研发经费支出 10 强（见表 2-5）和合资企业研发经费支出 10 强（见表 2-6）。

表 2-5　中国乘用车企业 R&D 费用支出排行榜之自主企业 TOP10

排序	企业名称	R&D 经费支出 （2014~2016 年平均，万元）
1	重庆长安汽车股份有限公司	568364
2	比亚迪股份有限公司	395894
3	浙江吉利控股集团有限公司	330734
4	奇瑞汽车股份有限公司	330031
5	长城汽车股份有限公司	283748
6	安徽江淮汽车股份有限公司	182625
7	力帆实业（集团）股份有限公司	75043
8	广州汽车集团乘用车有限公司	74803
9	一汽轿车股份有限公司	63811
10	北京新能源汽车股份有限公司	30866

表 2-6　中国乘用车企业 R&D 费用支出排行榜之合资企业 TOP10

排序	企业名称	R&D 经费支出 （2014~2016 年平均，万元）
1	上海大众汽车有限公司	427097
2	上汽通用汽车有限公司	417565
3	上汽通用五菱汽车股份有限公司	365343
4	神龙汽车有限公司	239571
5	东风悦达起亚汽车有限公司	223594
6	长安福特汽车有限公司	185450
7	一汽-大众汽车有限公司	184133
8	广汽本田汽车有限公司	156395
9	北京现代汽车有限公司	109841
10	长安马自达汽车有限公司	78450

三、乘用车企业发明专利排行榜 TOP10

发明专利也是衡量企业技术创新的一个重要指标。为反映汽车企业的发明专利情况，我们以企业年度所拥有的有效发明专利数作为指标，排出了中国乘用车企业发明专利排行榜 10 强（见表 2-7）。

表 2-7　2016 年乘用车企业发明专利排行榜 TOP10

排序	企业名称	拥有的有效发明专利数 （件）
1	比亚迪股份有限公司	3521
2	奇瑞汽车股份有限公司	2569
3	安徽江淮汽车股份有限公司	2280
4	浙江吉利控股集团有限公司	1417

续表

排序	企业名称	拥有的有效发明专利数（件）
5	长城汽车股份有限公司	895
6	重庆长安汽车股份有限公司	845
7	力帆实业（集团）股份有限公司	618
8	上汽通用五菱汽车股份有限公司	223
9	上海大众汽车有限公司	49
10	北京新能源汽车股份有限公司	29

同理，我们也从结构性角度，排出了乘用车企业发明专利排行榜之自主企业 10 强（见表 2-8）和合资企业 10 强（见表 2-9）。

表 2-8　2016 年乘用车企业发明专利排行榜之自主企业 TOP10

排序	企业名称	拥有的有效发明专利数（件）
1	比亚迪股份有限公司	3521
2	奇瑞汽车股份有限公司	2569
3	安徽江淮汽车股份有限公司	2280
4	浙江吉利控股集团有限公司	1417
5	长城汽车股份有限公司	895
6	重庆长安汽车股份有限公司	845
7	力帆实业（集团）股份有限公司	618
8	北京新能源汽车股份有限公司	29
9	一汽海马汽车有限公司	17
10	广州汽车集团乘用车有限公司	9

表 2-9　2016 年乘用车企业发明专利排行榜之合资企业 TOP10

排序	企业名称	拥有的有效发明专利数（件）
1	上汽通用五菱汽车股份有限公司	223
2	上海大众汽车有限公司	49
3	神龙汽车有限公司	28
4	广汽本田汽车有限公司	23
5	重庆长安铃木汽车有限公司	6
5	东南（福建）汽车工业有限公司	6
7	一汽-大众汽车有限公司	5
7	北京现代汽车有限公司	5
9	东风本田汽车有限公司	4
10	东风悦达起亚汽车有限公司	2

四、乘用车企业资产利润率排行榜 TOP10

技术创新最为突出的一个表现是新产品带来的巨额利润回报，反映在经济指标上，对于汽车这样一个重资产的行业来讲将会更在意资产利润率的高低。因此，我们以资产利润率为指标，排出了中国乘用车企业的创新利润排行榜（见表 2-10）。

表 2-10　乘用车企业资产利润率排行榜 TOP10

排序	企业名称	资产利润率（2014~2016 年平均,%）
1	上海大众汽车有限公司	29.7
2	一汽-大众汽车有限公司	28.8
3	广汽丰田汽车有限公司	28.4

续表

排序	企业名称	资产利润率 （2014~2016 年平均,%）
4	长安福特汽车有限公司	24.6
5	上汽通用汽车有限公司	24.2
6	东风本田汽车有限公司	21.9
7	北京现代汽车有限公司	21.0
8	广汽本田汽车有限公司	17.5
9	北京奔驰汽车有限公司	12.4
10	长城汽车股份有限公司	11.9

第三章　中国乘用车创新企业 20 强分析

本章将对上述的中国汽车（乘用车）创新排行榜及其单项指标排行榜中的企业进行综合分析，发现其中汽车企业创新的主要表现、主要特征和主要趋势。

一、技术创新推动主营业务收入高速增长

企业创新能力必然体现在企业的经济绩效上：创新能力的不断提高一定会带来更高、更快、更具持续性的经济增长。中国汽车企业创新 20 强（下文简称创新 20 强）的经济增长表现充分地证明了这一点。

截至 2016 年，创新 20 强的企业主营业务收入合计达到 21968 亿元，占当年全国汽车行业主营业务收入总额的比值达到 27%（见图 3-1）。

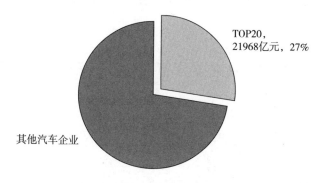

TOP20，
21968亿元，27%

其他汽车企业

图 3-1　2016年 TOP20 企业主营业务收入占全国汽车企业主营业务收入的比重

2014~2016 年，创新 20 强的企业主营业务收入合计增长率分别为 23.4%、26.7% 和 27.0%，三年增长率平均为 25.7%（见图 3-2），企业经济规模实现了持续、高速增长。

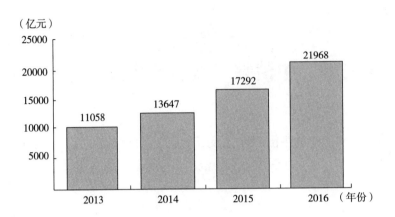

图3-2 2013~2016年TOP20企业主营业务收入情况

从评价结果上看，在创新投入—创新产出—创新结构的汽车企业创新评价"铁三角"框架下，安亭指数实际上反映出企业在中国市场上的全部创新活动的实力、能力及其竞争力。即在全球化深度发展的前提下，自主汽车企业和合资汽车企业都日益重视并加强技术创新，从产品的竞争、质量的竞争逐步转向依靠技术创新的竞争。这样，对汽车企业创新评价的一个重要意义就得以彰显——找到推动、引领汽车产业发展的经济增长动力源（企业）。

二、TOP20企业主要分布在长江经济带，华东占40%

在地区分布上，创新20强企业分布在12个省（直辖市、自治区），其中广东和重庆的入榜企业最多，均为3家；其次是上海、安徽、江苏和北京四个省市，入榜企业都是2家；最后是浙江、河北、广西、湖北、江西、吉林等省区，入榜企业均为1家。

在地域分布上，长江经济带（包括上海、安徽、江苏、重庆、浙江、湖北和江西）有12家入榜企业，占创新20强企业的60%。此外，按传统区域划分方法，华东地区（包括上海、江苏、安徽、江西和浙江）有8家入榜企业，占创新20强企业的40%（见图3-3）。

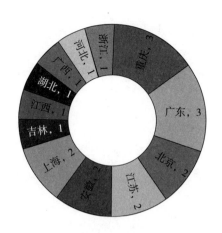

图 3-3　TOP20 企业在各地方的分布情况（单位：家）

三、自主企业与合资企业呈现出创新竞争势均的格局

在创新 20 强企业中，自主汽车企业表现突出，领跑创新榜，在前十名之中有 6 家自主汽车企业，它们是：

（1）浙江吉利控股集团有限公司，高居中国汽车企业创新榜第一名，安亭指数值为 82.0，是指数值唯一超过 80 的企业；

（2）长城汽车股份有限公司，居中国汽车企业创新榜第二名，安亭指数值为 79.2；

（3）重庆长安汽车股份有限公司，位列中国汽车企业创新榜第六名，安亭指数值为 75.2；

（4）安徽江淮汽车股份有限公司，位列中国汽车企业创新榜第八名，安亭指数值为 74.2；

（5）比亚迪股份有限公司，位列中国汽车企业创新榜第九名，安亭指数值为 73.7；

（6）奇瑞汽车股份有限公司，位列中国汽车企业创新榜第十名，安亭指数值为 73.0。

中国合资汽车企业创新表现也不甘落后，虽然在前十名中仅占据 4

席，但在第 11 名至第 20 名上表现强劲，占据 6 个席位，在 20 强中共有 10 家合资汽车企业。这样，形成了创新 20 强企业的自主企业和合资企业各占一半的汽车产业创新竞争的大格局（见图 3-4）。

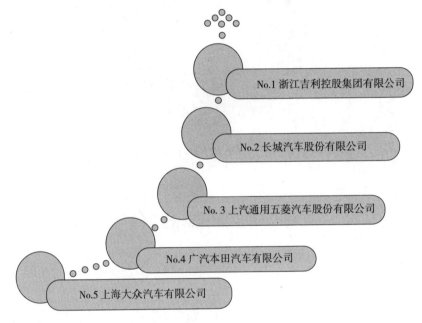

图 3-4　自主企业领跑创新榜的分布（以前五名为例）

四、自主企业技术创新推动作用突出

自主汽车企业研发经费投入力度大，推动企业市场快速扩展、经济效益快速提升的创新效果大多已初步显现。

自主汽车企业与合资汽车企业的技术创新路径、方式、效果及其影响因素存在显著差异。一般而言，企业的创新投入特别是研发投入与企业获利能力是密切相关的，只有利润高才能有更高的研发经费投入。但是，自主汽车企业却展现了另一番景象。在创新 20 强中，自主汽车企业的利润获得大幅低于合资汽车企业，如 2014~2016 年前者的利润总额合计仅为后者的 42%，但自主汽车企业的研发经费投入却高于合资汽车企业，同期在研发经费支出上前者是后者的 1.1 倍，在研发经费投入强度①上前者是后者的 2.1 倍，与此同时，同期在研发人员投入上前者更是后者的 4.2 倍（见图 3-5）。这表明，自主汽车企业在创新投入、要素积累上好于合资汽车企业，更利于推动中国本土企业技术创新能力的积累和提升。

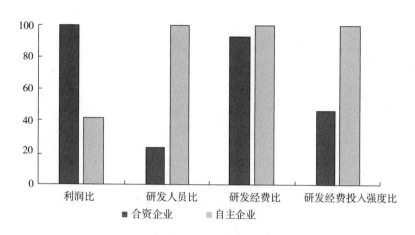

图 3-5　自主企业与合资企业在创新投入上的表现差异（2014~2016 年平均比值）

自主汽车企业在创新上的高投入所带来的创新效果已经开始显现，如重庆长安，研发经费投入在自主企业中位居第一，其连续多年的高研发投入推动企业技术创新能力大幅提升，企业研发机构建设及其技术创新体系快速发展，在近年来的市场拓展、创新效益上也逐步攀升，主营业务收入利润率和资产利润率双双超过 10%；再如吉利、长城均是研发经费投入大户，其创新效益和市场拓展也都实现了快速提升。

五、合资汽车企业中本土研发投入越高者经济效益越好

虽然合资汽车企业技术创新的技术源可以非本地化，特别是在全球化、市场一体化条件下，非本地化技术源完全可以应对快速的全球技术创

---

①　企业研发经费投入额与企业主营业务收入额的比。

新竞争，创新 20 强中的合资汽车企业却展现出一个重要的趋势——谁的本地化研发、自主化技术做得更好，谁的经济效益就更高，市场竞争力就更强。这表明，本土化研发能力带来在市场上的效益回报、强化竞争力、促进经济规模扩展等优势，不是仅局限在自主汽车企业，对合资汽车企业也适用，并且是十分重要的。

六、自主企业源头技术研发增多，发明专利申请占比提升

专利是自主汽车企业和合资汽车企业差异最为突出的一个领域。对于自主汽车企业而言，专利的多寡是其自主创新能力高低的一个重要体现，特别是发明专利。

在企业所拥有的有效发明专利数量方面，2013~2016 年创新 20 强企业有效专利拥有量增长了 94%，同期有效发明专利拥有量增长了 109%，后者较前者多增长了 15 个百分点；截至 2016 年，创新 20 强企业有效发明专利拥有量合计达到 12524 件，占有效专利拥有量的比重为 26%（见图 3-6）。

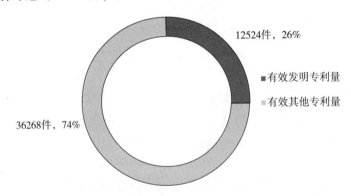

12524件，26%

■ 有效发明专利量

□ 有效其他专利量

36268件，74%

图 3-6　2016 年 20 强企业有效发明专利占有效专利总量的比重

同时，创新 20 强企业在专利申请上也呈现出发明专利相对快速增长的态势，至 2016 年发明专利申请量占专利申请量的比重高达 34%（见图 3-7）。由此推算，随着时间的推移，未来创新 20 强企业中的发明专利占专利的比重还将进一步提高。

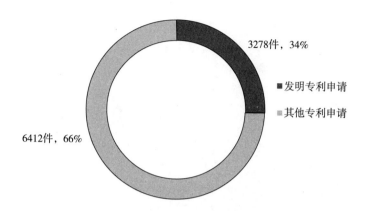

3278件，34%

■发明专利申请
■其他专利申请

6412件，66%

图 3-7　2016 年 20 强企业发明专利申请量占专利申请量的比重

　　然而，上述发展趋势却主要是由自主汽车企业的自主创新大力推动的。在专利拥有量上，2016 年自主汽车企业拥有有效专利 4.5 万件，占创新 20 强企业有效专利拥有量合计的 93%（见图 3-8）。在发明专利拥有量上，2016 年自主汽车企业拥有的有效发明专利总量达到 1.2 万件，占创新 20 强企业有效发明专利拥有量合计的 97%（见图 3-9）。这表明，随着自主汽车企业自主创新能力的提升，实质性技术研发活动快速增加，发明专利产出快速增长，推动了自主汽车企业在发明专利申请及拥有量上的增长。

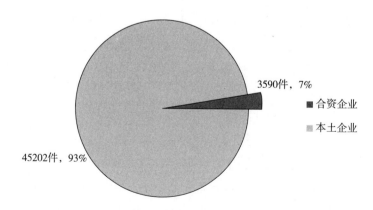

3590件，7%

■合资企业
■本土企业

45202件，93%

图 3-8　2016 年 20 强企业自主企业与合资企业占有效专利拥有量的比例分布

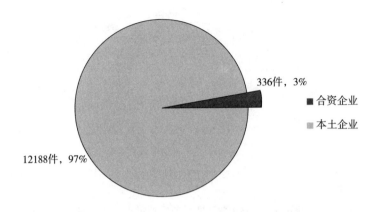

图 3-9　2016 年自主企业与合资企业占有效发明专利拥有量的比例分布

七、汽车产业创新的"家底"集中在自主企业

　　汽车是一个资产密集型产业，对资产的利用效率是汽车企业创新能力的一个重要表现。

　　从资产利润率来看，合资汽车企业在资产利用效率上明显占据绝对优势：2014~2016 年三年平均资产利润率超过 15% 的汽车创新企业均是合资汽车企业，特别是上海大众、一汽-大众和广汽丰田三家企业的资产利润率更是高达 28% 以上（见图 3-10）；相对而言，自主汽车企业进入资产利润率前 10 强的只有长城汽车 1 家企业，而资产利润率超过 10% 的自主汽车企业共计仅有 2 家，另一家为重庆长安汽车，远低于合资汽车企业的数量（合计为 11 家）。

　　那么，合资汽车企业的资产利用效率真的很高吗？实际上，在创新 20 强中的自主汽车企业资产利用效率也是相对较高的，那为什么出现这样的结果？其中一个重要原因是合资汽车企业具有资产投入相对少的特点，2016 年 10 家合资汽车企业的资产总额合计仅为 10 家自主汽车企业资产总额合计的 60%。在企业资产大幅度"轻省"的条件下，合资汽车企业资产利润率自然具有较高的优势。

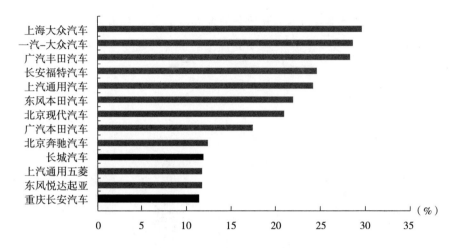

图 3-10　2014~2016 年三年平均资产利润率超过 10%的创新 20 强企业

值得一提的是，长城汽车资产利润率入榜十强，重庆长安汽车资产利润率突破 10%，表明随着自主汽车企业技术创新能力的提升，资产利用效率在稳步提高。

八、汽车电动化成为创新重点，自主汽车企业异军突起

在创新 20 强企业中，电动汽车生产企业表现得十分抢眼。例如，北汽新能源汽车公司，一个诞生仅仅三年的企业，凭借雄厚的基础和对电动汽车的专注研发，成为中国电动汽车销量第一的佼佼者，自然凭借于此也顺利进入创新 20 强之中。再如，比亚迪公司作为电动汽车的主要推动者和汽车核心零部件电池的主要供应商，不仅研发经费投入进入十强，更是以高出第二名近 40%的发明专利数稳坐发明专利榜 10 强之首，因此跻身于创新 20 强的前十名之内。此外，安徽江淮汽车电动化技术创新发展的速度也是非常快的，在电动车研发制造上取得一系列成果，使其有能力、有资质与德国大众汽车平等对话、合资建企。

目前，电动化发展趋势已经成为汽车技术创新的重点方向和竞争焦

点，而传统汽车销售量增长已经出现停滞与下滑（见图 3-11）。合资汽车企业在母公司的全球布局中也开始着力发展电动车，但相对而言，自主汽车企业的投入力度更大、发展速度更快、创新成果更多，自然取得的效益也更好。

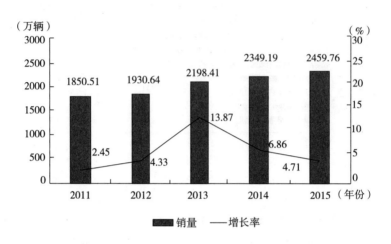

图 3-11　2011~2015 年中国汽车销售量变动趋势

关于新能源汽车产业技术创新工程的政策提要

2012 年 9 月 20 日，财政部、工业和信息化部、科技部联合发布《关于组织开展新能源汽车产业技术创新工程的通知》（财建〔2012〕780 号）文件，制定了《新能源汽车产业技术创新财政奖励资金管理暂行办法》（见附件），其主要政策内容包括：

——奖励资金安排和使用将坚持"集中投入、重点突破"的原则，重点支持全新设计开发的新能源汽车车型及动力电池等关键零部件。全新设计开发的新能源汽车车型由整车企业牵头，并联合电池、电机、电控等零部件企业和有关研发单位，形成产学研产业技术创新团队，进行联合设计攻关；关键零部件主要指动力电池关键材料、生产工艺、制造装备的研究与开发等。

　　——申请奖励资金的企业应当具有较强的研发能力和产业化基础。其中，整车企业必须具备新能源汽车整车设计集成和持续开发能力，研发投入占主营业务收入不低于一定比例；动力电池企业应掌握核心技术，并具有较强的研发、生产和售后服务保障能力，拥有电池单体的知识产权。鼓励开展产学研联合技术攻关。

　　——奖励资金支持对象包括新能源汽车整车项目（包括纯电动、插电式混合动力、燃料电池汽车）和动力电池项目两大类。

第三篇

中国商用车创新评价与分析

第一章　中国商用车企业创新现状分析

商用车（Commercial Vehicle），是指在设计和技术特征上是用于运送人员和货物的汽车。商用车包含所有的载货汽车和 9 座以上的客车，分为客车、货车、半挂牵引车、客车非完整车辆和货车非完整车辆，共五类。在整个行业中，商用车的概念主要是以其自身用途来定义的，习惯把商用车划分为客车和货车两大类。

一、相对平稳增长的市场

与乘用车市场需求的快速增长不同，商用车市场需求增长相对平稳缓慢。据中国汽车工业协会统计数据显示，2017 年 1～10 月，商用车产销分别完成 340.4 万辆和 342.5 万辆，同比分别增长 16.9% 和 17.2%，高于汽车总体产销增长率分别为 12.7 个和 13.1 个百分点① （见图 1-1）。

然而从长期市场容量上看，我们可以发现，虽然 2017 年商用车销量增长幅度明显高于乘用车，但近十年来，商用车市场销量处于一个相对波动、平稳增长的阶段，特别是 2010 年以来基本在 400 万辆年销量上下波动：2010 年达到一个峰值，销量为 430 万辆，之后一路下滑至 2015 年的一个低谷，销量降至 345 万辆，而后再逐步增长至 2017 年的 405 万辆② （见图 1-2）。

---

① 引自中国汽车工业协会陈士华. 2017 年中国汽车工业经济运行情况 ［Z］. 上海安亭中国汽车创新大会，2017-12-09.

② 参见中国汽车流通协会商用车商会秘书长钟渭平. 2017 年商用车市场总结及 2018 年形势分析 ［EB/OL］. 搜狐汽车，2018-01-10，http：//www.sohu.com/a/215788869_390500.

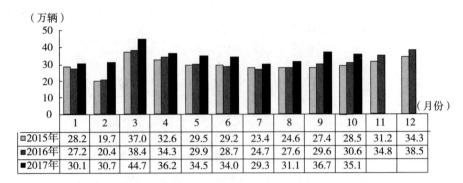

（万辆）	1	2	3	4	5	6	7	8	9	10	11	12
2015年	28.2	19.7	37.0	32.6	29.5	29.2	23.4	24.6	27.4	28.5	31.2	34.3
2016年	27.2	20.4	38.4	34.3	29.9	28.7	24.7	27.6	29.6	30.6	34.8	38.5
2017年	30.1	30.7	44.7	36.2	34.5	34.0	29.3	31.1	36.7	35.1		

图1-1　2015年至2017年1~10月商用车月度销售量

资料来源：引自中国汽车工业协会陈士华. 2017年中国汽车工业经济运行情况［Z］. 上海安亭中国汽车创新大会，2017-12-09.

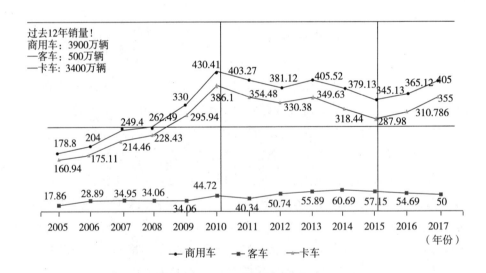

图1-2　2005~2017年中国商用车销售量的年度变化

资料来源：参见中国汽车流通协会商用车商会秘书长钟渭平. 2017年商用车市场总结及2018年形势分析［EB/OL］. 搜狐汽车，2018-01-10，http：//www. sohu. com/a/215788869_390500.

二、卡车拉动商用车增长

从商用车分车型产销情况看，2017 年 1~10 月的客车产销量同比分别下降 6.9% 和 6.7%；货车产销量同比分别增长 21.1% 和 21.3%，产销量持续较快增长。从年度销量结构来看，2016 年货车销量占商用车全部销量的比例为 63%；其次是客车，其销量占商用车全部销量的比例为 17%；占比超过 10% 的还有半挂牵引车（12%，见图 1-3)[①]。

关于卡车的增长，有专家认为这是一个短期的增长趋势，因为"专项基金投放、消费品物流货运和大宗商品货物运输增长、GB1589 新国标的实施、治理超载、天然气重卡的需求增长和新环保标准的实施促进了货车（卡车）的增长"[②]。

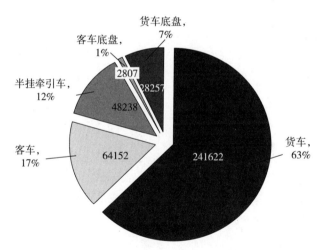

图 1-3　2016 年 12 月中国商用车分类销量结构（单位：辆）

资料来源：Desk Research、企业调研、相关出版物、中国商用车信息网。

---

① 参见中国商用车信息网的报告"2016 年 12 月份中国商用车分类销量分析"。中国商用车信息网，2017 - 01 - 19，http：//www. cvehicles. com. cn/index. php? m = content&c = index&a = show&catid = 563&id = 51801.

② 引自中国汽车工业协会陈士华. 2017 年中国汽车工业经济运行情况［Z］. 上海安亭中国汽车创新大会，2017-12-09.

三、快速提升的技术创新投入产出能力

与乘用车企业相似，近年来随着国家创新驱动发展战略的确立与实施，商用车企业技术创新投入和产出能力也快速提升。

在技术创新投入上，"十二五"以来我国商用车企业研发经费支出额快速增长。据对全国主要商用车企业的不完全统计，目前 38 家商用车企业的 R&D 经费内部支出额合计由 2013 年的 57.1 亿元增长至 2016 年的 161.7 亿元（见图 1-4），三年增长了近两倍，平均年增长率达到 44.9%。虽然我国商用车企业研发经费投入快速增长，但至今尚无年度研发经费投入超过 100 亿元的大企业，这与国内乘用车企业的高额研发投入存在较大的差距。

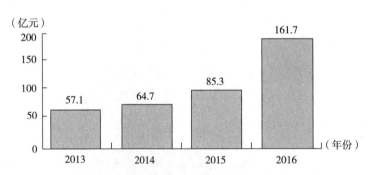

图 1-4　2013~2016 年商用车企业研发经费内部支出额

资料来源：引自中国汽车工业协会陈士华. 2017 年中国汽车工业经济运行情况［C］. 上海安亭中国汽车创新大会，2017-12-09.

在研发人员投入上，我国商用车企业同样保持着快速增长的态势，由 2013 年的 2.3 万人增长至 2016 年的 3.7 万人（见图 1-5），平均年增长率为 18.8%。

在专利产出上，上述 38 家商用车企业的年度有效专利拥有量由 2013 年的 8215 件增长至 2016 年的 19038 件，三年增长了一倍多，平均年增长率为 32.6%。其中，发明专利数量增长更是十分明显，有效发明专利拥有

量在同期由 2013 年的 486 件增长至 2016 年的 1983 件，增长了三倍多；年度发明专利授权量也是由 2013 年的 183 件增长至 2016 年的 737 件，同样增长了三倍多（见图 1-6），使其在专利中地位快速提升。

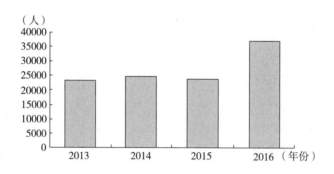

图 1-5　2013~2016 年商用车企业研发人员数

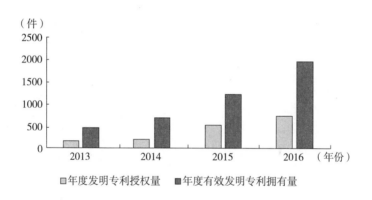

图 1-6　2013~2016 年商用车企业发明专利数

在新产品销售收入上，上述 38 家商用车企业在 2013~2016 年也实现了大幅提升，由 1153.1 亿元增长至 1823.4 亿元，平均年增长率为 19.8%。

四、自主企业争锋的竞争格局

与乘用车企业创新竞争显著不同，我国商用车企业市场以自主企业为主，特别是在卡车市场上，基本都是国产车的市场。据统计，2017 年，中国商用车出口比例占到全年汽车销量的 10% 左右，即全年将近 400 万辆的商用车销量中，有 40 万辆出口到海外。从另一个指标来看，2017 年全年商用车的进口量与出口量比例悬殊，为 1∶10；与乘用车出口量相比是 1∶0.7，这个比例是非常高的；而与乘用车进口的数量相比是 1∶0.036，即进口了 1 辆乘用车，只有 0.036 辆商用车进口到中国，并且这 0.036 的进口车辆主要是房车、豪华的商务车、消防车、救护车及专用车①。

商用车企业不仅在国内市场创新竞争中表现优异，在国际市场竞争中的表现也十分突出。例如，在古巴市场上，60% 以上的客车来自中国，而在巴西市场上，仅中国重汽单一年度的销售量就达 8000 辆，这些汽车在海外的竞争对手主要是沃尔沃、奔驰等高端品牌②。

①② 参见中国汽车流通协会商用车商会秘书长钟渭平. 2017 年商用车市场总结及 2018 年形势分析 [EB/OL]. 搜狐汽车，2018-01-10，http：//www.sohu.com/a/215788869_390500.

第二章　中国商用车企业创新评价
（安亭指数）排行榜

一、中国汽车（卡车）企业创新排行榜

与乘用车相同，在对商用车企业技术创新数据的收集、分类、处理和计算等基础上，采用前文中国汽车企业创新评价方法，得到商用车企业的安亭指数。由此，再进一步细分商用车中的卡车和客车两大类型，进而排出中国汽车（卡车）企业创新排行榜10强（TOP10），如表2-1所示。

表 2-1　中国汽车（卡车）企业创新排行榜 TOP10

排序	企业名称	安亭指数（AII）
1	一汽解放汽车有限公司	79.5
2	中国重型汽车集团有限公司	78.3
3	北汽福田汽车股份有限公司	72.9
4	东风商用车有限公司本部	72.0
5	安徽江淮汽车股份有限公司	71.2
6	安徽华菱汽车有限公司	70.1
7	庆铃汽车（集团）有限公司	62.0
8	陕西汽车集团有限责任公司	57.6
9	上汽依维柯红岩商用车有限公司	53.7
10	北奔重型汽车集团有限公司	48.5

中国汽车（客车）企业创新排行榜10强（TOP10），如表2-2所示。

表 2-2　中国汽车（客车）企业创新排行榜 TOP10

排序	企业名称	安亭指数（AII）
1	郑州宇通集团有限公司	78.1
2	安徽安凯汽车股份有限公司	65.8
3	厦门金龙联合汽车工业有限公司	59.8
4	中通客车控股股份有限公司	57.8
5	金龙联合汽车工业（苏州）有限公司	53.4
6	上汽大通汽车有限公司	48.5
7	扬州亚星客车股份有限公司	47.9
8	南京依维柯汽车有限公司	46.8
9	河南少林客车股份有限公司	45.9
10	上海申沃客车有限公司	42.7

二、商用车企业研发经费排行榜 TOP10

为考察商用车技术创新领军企业的研发活动情况，我们将企业 R&D 经费内部支出作为指标，按卡车和客车两大类分别排出中国商用车企业研发经费 10 强。其中，卡车研发经费 10 强企业，如表 2-3 所示。

表 2-3　卡车 R&D 经费支出排行榜 TOP10

排序	企业名称	R&D 经费支出 （2014~2016 年平均，万元）
1	北汽福田汽车股份有限公司	417482
2	中国重型汽车集团有限公司	163794
3	一汽解放汽车有限公司	110576
4	东风商用车有限公司本部	69603
5	安徽江淮汽车股份有限公司	62625

续表

排序	企业名称	R&D 经费支出 （2014~2016 年平均，万元）
6	陕西汽车集团有限责任公司	39621
7	庆铃汽车（集团）有限公司	27068
8	安徽华菱汽车有限公司	22331
9	上汽依维柯红岩商用车有限公司	10952

注：入榜企业要求研发经费支出三年平均值不得低于 10000 万元。

客车的研发经费 10 强企业，如表 2-4 所示。

表 2-4　客车 R&D 经费支出排行榜 TOP10

排序	企业名称	R&D 经费支出 （2014~2016 年平均，万元）
1	郑州宇通集团有限公司	102048
2	安徽安凯汽车股份有限公司	67378
3	南京依维柯汽车有限公司	37406
4	上汽大通汽车有限公司	26926
5	厦门金龙联合汽车工业有限公司	26522
6	金龙联合汽车工业（苏州）有限公司	24925
7	中通客车控股股份有限公司	22643
8	福建奔驰汽车工业有限公司	13880
9	上海申沃客车有限公司	10771

注：入榜企业要求研发经费支出三年平均值不得低于 10000 万元。

三、商用车发明专利排行榜 TOP10

在考察商用车企业发明专利上，由于商用车企业在发明专利申请、授权量及有效拥有量上数量较少，故在排名中不再区分卡车和客车，而以有效发明专利拥有量为指标进行统一排名，得到商用车企业发明专利 10 强，如表 2-5 所示。

表 2-5　2016 年商用车发明专利排行榜 TOP10

排序	企业名称	拥有的有效发明专利数（件）
1	北汽福田汽车股份有限公司	607
2	一汽解放汽车有限公司	326
3	中国重型汽车集团有限公司	188
4	郑州宇通集团有限公司	122
5	安徽安凯汽车股份有限公司	64
6	东风商用车有限公司本部	62
7	安徽华菱汽车有限公司	52
8	中通客车控股股份有限公司	30
9	厦门金龙联合汽车工业有限公司	20
10	上汽依维柯红岩商用车有限公司	16

四、商用车资产利润率排行榜 TOP10

在考察商用车企业资产利润率时，同样也是考虑到商用车企业行业技术创新的特征以及指标的数据情况，不再区分卡车和客车，而统一进行排名，以资产利润率的平均值为指标，得到中国商用车企业资产利润率 10 强，如表 2-6 所示。

表 2-6　商用车资产利润率排行榜 TOP10

排序	企业名称	资产利润率 （2014~2016 年平均,%）
1	郑州宇通集团有限公司	11.8
2	中通客车控股股份有限公司	8.0

续表

排序	企业名称	资产利润率 （2014~2016 年平均,%）
3	庆铃汽车（集团）有限公司	4.5
4	厦门金龙联合汽车工业有限公司	3.5
5	河南少林客车股份有限公司	3.0
6	上汽大通汽车有限公司	1.9
7	南京依维柯汽车有限公司	1.7
8	北汽福田汽车股份有限公司	1.6
9	一汽解放汽车有限公司	1.2
10	扬州亚星客车股份有限公司	1.1

第三章 中国汽车（商用车）创新企业 20 强分析

本章将对上述的中国汽车（商用车）创新排行榜及其单项指标排行榜中的企业进行综合分析，发现其中商用车企业技术创新的主要表现、主要特征和主要趋势。

一、自主汽车企业主导商用车技术创新

与乘用车完全不同，在商用车市场上自主汽车企业是技术创新的绝对主体——创新资源掌控在自主汽车企业手中，市场控制在自主汽车企业手中，自主汽车企业主导产业技术创新的方向和节奏。

在研发经费支出上，卡车的创新 10 强榜都是自主汽车企业，如北汽福田、中国重汽、一汽解放、东风商用、陕汽等（见图 3-1）；客车的研发经费支出 10 强榜也是以自主汽车企业为主，如郑州宇通、安徽安凯、南京依维柯、上汽大通、厦门金龙等（见图 3-2）。

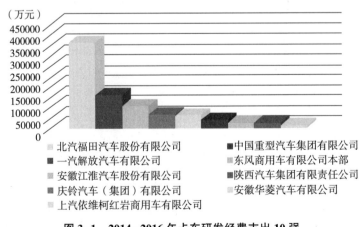

（万元）

北汽福田汽车股份有限公司　　中国重型汽车集团有限公司
一汽解放汽车有限公司　　东风商用车有限公司本部
安徽江淮汽车股份有限公司　　陕西汽车集团有限责任公司
庆铃汽车（集团）有限公司　　安徽华菱汽车有限公司
上汽依维柯红岩商用车有限公司

图 3-1　2014~2016 年卡车研发经费支出 10 强

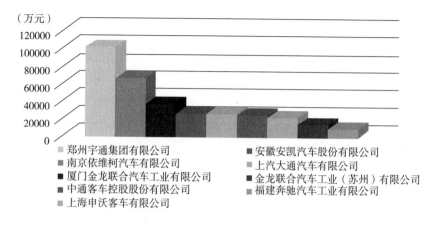

（万元）

图 3-2　2014~2016 年客车研发经费支出 10 强

在发明专利上，也是如此，卡车、客车的 10 强排行榜中均为自主汽车企业，如北汽福田、一汽解放、中国重汽、郑州宇通等（见图 3-3）。

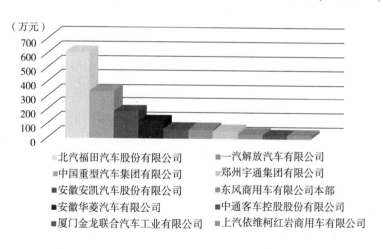

（万元）

图 3-3　2016 年商用车发明专利拥有量前 10 强

随着商用车自主汽车企业在创新上投入增加、专利增多，其技术创新能力大幅提升，与国际跨国公司之间的差距正在缩小。如客车的宇通公司，已经成为世界上最大的客车制造公司；再如卡车的一汽解放，与国际领先企业的创新能力差距快速减小，距离产生世界级领先的中国汽车创新型大企业的宏伟目标更近一步了。

二、从整车的创新正在向全产业链创新演变

经过几十年的发展，商用车创新20强企业不仅在传统车型上能构筑完整的产品线，覆盖皮卡、微型车、物流车、专用车、中巴、大巴、公交车及系列新能源车等全系列商用车汽车产品，大多已成为国内拥有几乎全车型产品线的企业，同时，还向发动机、变速箱、控制系统等上下游产品发展，全产业链技术创新纵向化发展趋势明显，新一轮商用车创新热潮已经初现端倪。

三、电动化发展趋势十分明显

汽车电动化也是商用车企业全产业链条创新的一个重要方向。例如宇通，在自主研发了新能源客车整车轻量化和动力系统技术平台，开发了混合动力、插电式和纯电动等节能与新能源客车产品的基础上，以自有资金10亿元成立新能源产业发展基金，用于新能源汽车产业链投资，包括新能源汽车上游零部件研发生产，下游基础设施设计建设、租赁服务、电池再利用等，带动和支持了产业链上电池、电机、控制、电附件等国产核心零部件的创新研制。历经市场验证，宇通新能源产品得到了市场的高度认可，新能源产品结构占比与行业同步，2016年达到26856台，2012~2016年累计推广新能源客车59484台以上。此外，安徽安凯、中通客车等电动化发展也十分迅速，特别是安徽安凯因之在股市上实现连续7个涨停，表现不俗。

在卡车电动化方面，目前国内轻卡、微卡等小型物流车电动化趋势非常明显，发展十分迅速。同时，随着特斯拉纯电动重型卡车Semi的发布，重卡电动化发展的技术革新将会带来深远的经济和社会影响，引发新一轮的产品创新竞争。

第四篇

中国汽车零部件企业创新
评价与分析

第一章 零部件企业创新评价及其结果

汽车零部件行业是汽车工业发展的基础，汽车的技术含量很大一部分体现在零部件上，零部件企业创新能力强，则汽车产业创新能力强。零部件产业与汽车产业是共生共荣、相互依存的关系。

党的十九大报告提出进一步建设现代化经济体系，实施创新驱动发展战略，大力推动供给侧结构性改革，迫切需要不断提高国产汽车产品质量和性能，以满足人们日益提高的消费需求。作为汽车技术创新的主要载体以及衡量一国汽车产业发展技术水平的重要标志，汽车零部件企业在近年来不断加强技术进步，提高技术创新能力，增强汽车产业竞争力。

一、汽车零部件行业的界定

汽车零部件行业是汽车服务行业之一，也是构成汽车整体的各单元及服务于汽车的产品，统称汽车配件。零件指不能拆分的单个组件；部件指实现某个动作（或功能）的零件组合。部件可以是一个零件，也可以是多个零件的组合体。根据国家统计局发布的《国民经济行业分类》（GB/T 4754-2011），汽车零部件及配件制造指机动车辆及其车身的各种零配件的制造、汽车零件及配件制造，行业代码为3660。

二、汽车零部件市场与企业创新的快速变化

伴随着中国汽车工业的发展，汽车零部件产业取得了长足进步。总体来看，我国汽车零部件产业总体规模迅速扩大，整体实力不断提高，取得了一系列显著进步：2005～2016年，中国汽车零部件产业主营业务收入从

4116.0 亿元快速增长到 37202.8 亿元，年均增幅超过 25%，超过同期汽车产量的增长速度，呈高速发展态势；生产工艺、装备水平有了较大提高；产品种类增多，自主开发能力增强；管理水平和质量意识明显提高；产业结构进一步优化，生产集中度和生产规模不断提高，规模经济开始显现；汽车零部件出口额逐年提高。

随着经济的增长，创新已成为汽车零部件企业成长的第一驱动力。与世界水平相比，我国汽车零部件企业在营收能力上还不够强。《美国汽车新闻》（*Automotive News*）发布了 2017 年全球汽车零部件配套供应商百强榜。博世、采埃孚、麦格纳分别位居前三甲，中国共计入围五家企业创下历年最好成绩。我国汽车零部件企业营收金额和利润总额与世界百强相比，存在很大差距，由于盈利能力与跨国汽车仍有巨大差距，研发再投入能力相对不足。

三、零部件企业创新研究的现状

国内学者对汽车零部件产业做了一系列研究。他们概括了汽车零部件产业的特点，从市场竞争格局来看，零部件企业呈现中国品牌企业、中外合资企业和外商独资企业并存的局面，但我国企业处于劣势。我国企业规模小、数量多，所占市场份额不足 30%且在下降，市场主要集中在非核心零部件上；20%具有外资背景的企业占市场份额的 70%以上，而在汽车电子和发动机关键零部件等高科技含量领域，外资市场份额高达 90%[①]，在发动机管理系统、燃油喷射系统、自动变速器和电动转向器等关键零部件领域占 95%以上。外资零部件企业在市场上占有长期垄断优势。外资品牌把零部件供应体系搬到中国，并以技术标准、质量和成本为前提，从整车到部件、从部件到零件、从前装零部件到后装及维修备件的全生命周期形成一个完整的供应体系，在一个车型的生产周期里，这个体系通常是封闭的，具有强烈的垄断性和技术更新性，自主品牌零部件很难进去，进去了

[①] 叶盛基. 2014 中国汽车零部件产业现状及趋势 [J]. 中国汽配市场，2015（2）.

也无力更新而被淘汰①。自主品牌整车基本上都是在外资品牌车型上生长出来的,一开始就沿袭了这种零部件配套惯例和供应路径依赖,自然的排斥使自主品牌零部件一开始就缺乏生长的机会。目前,我国已经形成了东北、京津、华中、西南、长三角、珠三角六大零部件产业集群。这主要是由于零部件企业为了更好地与整车企业进行配套,降低运输成本,与整车企业邻近建厂、协同发展。但是,这些零部件产业集群不够强,专业化水平不够高,产品的更新换代相对比较缓慢,轻售后、重配套还是比较大的一个问题②。

中国汽车零部件企业通过创新努力,在动力总成及附件系统、电子电气和灯具系统、悬架和行驶系统、传动系统、制动系统、转向系统、车身及附件和通用件等主要零部件方面都涌现出不少的优秀骨干企业。在非关键产品领域,市场集中度比较低,很多零部件企业集中在低附加值零部件领域,而且是分散重复的。整车企业和零部件企业缺乏稳定的合作关系,零部件供应商处于弱势地位,这些都导致我们的整车企业只对零部件提出了要求,但是在引导创新方面做得不够,这也间接影响了汽车产业的技术升级。

新技术带来新的零部件,新的零部件带来新的车型,新的车型才能进入市场竞争,零部件才是汽车市场竞争的核心。汽车零部件的投资规模通常为整车的1~3倍,而我国汽车零部件的总投资规模不及整车规模的一半。中国零部件企业平均研发投入只占销售收入的1.4%,远低于国际平均水平的6.6%③。有的学者用比较法对比研究了中外主要零部件企业,从销售业绩、产品构成与生产布局、研发状况、技术特点等方面,总结了我国零部件企业与国外零部件企业的差距,提出了促进国内汽车零部件企业发展的建议④。

---

① 杨辰初,杨建平,张君. 从演化经济学看我国汽车零部件工业 [J]. 经贸实践,2016 (1).

② 师建华. 2017中国汽车及零部件行业分析 [J]. 中国汽配市场,2017 (10).

③ 姜靖. 零部件不强,何谈汽车强国? [N]. 科技日报,2012-01-09.

④ 李育贤,张立森,丁倩. 国内外汽车零部件企业发展对比及建议 [J]. 汽车工业研究,2016 (4):55-59.

四、关于评价方法的几点补充

关于汽车企业的创新评价，几乎很少有聚焦的文献，有少量研究是针对汽车产业实力的国别评价，采用人才水平、基础工业水平、产业政策及管理体制、核心技术掌控力、供应链能力、市场份额、生产制造能力、产品竞争力、品牌实力和销售及服务能力十大指标，构建了可以比较不同国家汽车产业强弱的综合评价指标体系，并据此对德、日、美、韩、法、意、英、中八个国家进行了量化评价和比较分析[①]。

至今尚未有对汽车零部件企业技术创新水平的系统评价分析，所以我们所提出的方法是一种探索。

本次对汽车零部件企业进行全面的企业创新评价，旨在反映汽车零部件企业技术创新发展现状，甄别创新企业及其创新模式，以评价激励企业创新，引导企业创新转型发展。

面对数以万计的汽车零部件企业，我们选取了 100 多家汽车零部件上市公司作为首次评价对象，这主要出于两点考虑：一是它们能够反映创新的总体水平，在很大程度上代表了汽车零部件企业的总体实力；二是上市公司报表数据规范、公开、可靠、易得。但是也有一些新兴的零部件企业没有在上市企业范围内，一方面，这将是今后我们开展评价所要考虑的重要部分；另一方面，据相关研究与业内经验表明，新兴企业也需要经历创新的积累、市场的认可，过了存活期的才有真正的创新竞争力。总之，首次创新评价的汽车零部件企业虽数量受限，但基本覆盖了全国各地区、全行业，具有较好的代表性。

在数据收集上，以上市公司年报获取相关经济数据，同时，利用 incoPat 数据库收集了各个企业的专利数据。

---

① 赵福全等. 汽车强国综合评价指标体系研究 [J]. 汽车工程学报，2016（3）：79-86.

五、零部件企业创新评价排行榜

评价结果如表1-1所示。零部件企业创新50强具有以下几个特征：第一，得分可以划分为5个层次。第1~4名企业的得分在80分以上，共有4家；第5~10名企业的得分在70分以上，共有6家；第11~24名企业的得分在60分以上，共有14家企业；第25~44名企业的得分在50分以上，共20家企业；第45~50名企业的得分在50分以下，46分以上。第二，前十名企业得分都较高，后面的企业得分与之差距较大。第三，前50强企业总部位于多个省市。第四，前50强企业的主要产品覆盖汽车零部件的全产业链，在细分领域中都是行业内的翘楚。

排在第一名的企业是模塑科技，总分88.3分；第二名是华域汽车，总分82.9分；第三名是威孚高科，总分81.8分；第四名是万向钱潮，总分80.3分；前四家企业的总分都在80分以上。然后依次是福耀玻璃、精锻科技、松芝股份、潍柴动力、威帝股份和中鼎股份，它们的总分都在70分以上，是本次评价的创新前十名企业（见表1-1）。

表1-1　汽车零部件企业创新TOP50

排名	企业名称	总分
1	模塑科技	88.3
2	华域汽车	82.9
3	威孚高科	81.8
4	万向钱潮	80.3
5	福耀玻璃	77.3
6	精锻科技	72.3
7	松芝股份	72.1
8	潍柴动力	71.6
9	威帝股份	71.2
10	中鼎股份	70.5

续表

排名	企业名称	总分
11	拓普集团	69.8
12	骆驼股份	69.4
13	中原内配	69.1
14	鹏翎股份	67.1
15	万丰奥威	66.0
16	云意电气	65.9
17	宁波高发	64.1
18	宁波华翔	63.4
19	S 佳通	63.2
20	南方轴承	61.4
21	康普顿	60.6
22	星宇股份	60.3
23	龙生股份	60.3
24	亚太科技	60.2
25	玲珑轮胎	58.6
26	富奥股份	58.1
27	富临精工	58.0
28	继峰股份	57.9
29	宏达高科	57.8
30	凌云股份	57.0
31	华懋科技	56.9
32	银轮股份	56.9
33	远东传动	55.8
34	特尔佳	55.4
35	德联集团	54.9
36	京威股份	54.4
37	一汽富维	54.3
38	西泵股份	54.2

续表

排名	企业名称	总分
39	德尔股份	53.2
40	风神轮胎	52.7
41	东风科技	51.5
42	苏奥传感	51.3
43	均胜电子	51.1
44	天润曲轴	50.2
45	德宏股份	49.3
46	福达股份	49.3
47	亚太股份	49.0
48	广东鸿图	47.3
49	启明信息	47.1
50	跃岭股份	46.4

第二章 零部件企业50强的创新态势分析

一、创新投入的发展态势

近年来，各零部件汽车上市公司都十分重视研发创新在促进企业发展、提升企业实力方面的作用。无论是研发投入总额还是研发支出占营业收入的比例，都呈现出递增趋势。评价中98家零部件企业的平均研发投入为1.6亿元左右。

从研发投入来看，潍柴动力、华域汽车、均胜电子名列前三甲。和2016年研发投入排名一致。潍柴动力以34.1亿元的研发规模遥遥领先，近十年来，研发投入累计150多亿元，每年占销售收入之比均超过5%。排名第二位的华域汽车研发支出约20亿元，第三名的均胜电子约7.7亿元。均胜电子紧跟汽车智能化的发展趋势，在汽车电子等相关领域加大研发投入，引领汽车向智能化方向发展。然后依次是福耀玻璃、万向钱潮、玲珑轮胎、威孚高科、凌云股份、宁波华翔、中鼎股份，构成研发投入的前十名，如表2-1所示。

表2-1 零部件企业研发经费投入排名

排名	企业名称	研发经费投入 （2015~2016年平均，万元）
1	潍柴动力	340523
2	华域汽车	199253
3	均胜电子	76877
4	福耀玻璃	66023

排名	企业名称	研发经费投入 （2015～2016 年平均，万元）
5	万向钱潮	41811
6	玲珑轮胎	34706
7	威孚高科	30324
8	凌云股份	30073
9	宁波华翔	27576
10	中鼎股份	27424

其中，有 6 家企业也是总分排名前十的企业。另外 4 家企业总分得分并未在前十，但是研发投入比较高，如均胜电子、玲珑轮胎、凌云股份、宁波华翔，他们分别在总分中排名第 43 名、第 25 名、第 30 名和第 18 名。宁波华翔目前是国内多家合资整车企业的主要零部件供应商，产品包括汽车内外饰件、底盘和发动机附件等。2016 年，宁波华翔新研发中心正式投入运营，重点研发新材料、新工艺、新设计和新模块在生产中的实际应用，集中于轻量化复合材料、新模块化体系的建设。凌云股份在收购德国轻量化零部件供应商瓦达沙夫（WAG）后，逐步实现了国内外技术资源、市场资源协同共享，强化在高强钢、热成型、铝合金领域的技术优势。

在总分排名前十的零部件企业中，有 4 家企业的研发投入排名比较靠后，如总分第一名的模塑科技，研发投入不到 1 亿元，排名第 35，精锻科技排名第 53，松芝股份排名第 19，威帝股份以 1351 万元的研发支出排名第 86。

二、专利的发展态势

从发明专利拥有量来看，零部件企业越来越重视发明专利申请。在有数据的 85 家零部件企业中，平均发明专利拥有量近 30 件。但是，我国零部件企业的专利保护还比较薄弱，与汽车工业发达国家相比，专利产品的数量还比较少，在国际竞争中处于劣势，在出口时也没有自己的标准，受到所在国产品标准的各种限制。发明专利主要集中在排名比较靠前的企业。

发明专利数量排名前 50 的零部件企业，发明专利都在 10 件以上，前 10 名企业的发明专利都在 40 件以上。前 4 名企业的发明专利非常高。如表 2-2 所示，排名第一的潍柴动力发明专利拥有量为 406 件。

表 2-2　2016 年零部件企业有效发明专利排名

排名	企业名称	发明专利拥有量（件）
1	潍柴动力	406
2	华谊集团	391
3	福耀玻璃	171
4	华域汽车	131
5	大洋电机	69
6	鹏翎股份	67
7	西泵股份	63
8	福达股份	53
9	双林股份	50
10	万向钱潮	44

三、创新竞争态势

创新与品质共生，知名品牌表现抢眼。在众多零部件企业中脱颖而出的，都是业内知名企业。除万向、威孚高科等外，品质优秀的福耀玻璃位列第五，是生产汽车专用玻璃的全球第一品牌；第六位的精锻科技，主要产品为汽车差速器半轴齿轮和行星齿轮、汽车变速器结合齿齿轮，是国内乘用车精锻齿轮细分行业的龙头企业，轿车精锻齿轮产销量位居行业前列；第七位的松芝股份，是专业车辆空调制造商，同时也是国内最大的大中客车空调制造商；第八位的潍柴动力更是品牌企业，其所属的法司特变速箱是亚洲最大的商用车变速箱，发动机是全球同业领跑者，同时位列中国企业 500 强的第 79 位（2016 年）。

零部件企业中主要是国有和民营性质，如表 2-3 所示，进入前十名的企业里，民营企业有 6 家，占多数；国有及国有控股企业有 3 家，外资背景的企业有 1 家。

表 2-3　创新 10 强的企业性质

排名	企业名称	总分	性质
1	模塑科技	88.3	民营
2	华域汽车	82.9	国有控股
3	威孚高科	81.8	国有
4	万向钱潮	80.3	民营
5	福耀玻璃	77.3	民营
6	精锻科技	72.3	民营
7	松芝股份	72.1	外资
8	潍柴动力	71.6	国有
9	威帝股份	71.2	民营
10	中鼎股份	70.5	民营

资料来源：网上公开资料整理。

四、产品市场的发展态势

（1）新能源零部件企业成长较快。近年来，我国零部件行业的增长速度高于整车行业，2001～2016 年汽车零部件行业复合增长率达到了 25.1%，高于同期汽车工业销售收入 17.9% 的复合增长率。

在成长性 10 强企业中，新能源汽车零部件企业表现极为突出，对准新能源汽车空调研发生产的奥特佳位列第一，企业近三年经济规模平均增长率高达 185.8%；其次是猛狮科技，致力于新能源汽车动力电池、电池管理等零部件的研发生产，企业近三年经济规模的平均增长率亦达到117.2%；而蓝黛传动企业近三年经济规模的平均增长率也达96.2%，表现不俗。第四、第五位的江特电机和福耀玻璃的增速也都是在70%以上（见表2-4）。

此外，生产关键零部件的企业，如生产变速箱的东安动力、万里扬的成长性表现也较好；专注专一、专业化发展的企业——福耀玻璃，在市场占有率全球第一的情况下仍有较高的成长性；以及注重海外并购的均胜电子，因海外市场拓展效果明显而取得较高的成长性，进入了10强。

表2-4 零部件企业成长性排名

排名	企业名称	成长性 （主营业务收入 2014~2016 年平均增长率,%）
1	奥特佳	185.8
2	猛狮科技	117.2
3	蓝黛传动	96.2
4	江特电机	79.9
5	福耀玻璃	72.9
6	华谊集团	59.7
7	均胜电子	53.2
8	东安动力	52.6
9	成飞集成	43.4
10	万里扬	43.0

（2）市场集中度较低。我国市场上零部件企业数量众多，小而散。目前，我国零部件企业数量超过 10 万家，其中年产值达到 2000 万元以上的企业数量超过 1 万家。其中，小型企业占62%，中型企业占25%，大型零

部件企业仅占 9%，大型企业尤其是中资的大型零部件企业数量很少①。
2016 年，主营业务收入超过千亿元人民币的只有 6 家企业（见表 2-5）。
2016 年，世界汽车零部件企业的营收情况，博世高达 731 亿欧元，大陆集
团 405 亿欧元，Denso 电装公司 370 亿欧元，采埃孚 352 亿欧元，麦格纳
364.5 亿美元。相较而言，我国零部件企业营业收入偏低，最大的几个企
业之间也有很大差距。

表 2-5　零部件企业经济规模 TOP10

排名	企业名称	主营业务收入 （2014~2016 年平均，万元）
1	华域汽车	8967952
2	潍柴动力	7621308
3	华谊集团	2764860
4	福耀玻璃	1972956
5	一汽富维	1065049
6	玲珑轮胎	1051781
7	万向钱潮	1002957
8	赛轮金宇	1001314
9	均胜电子	995397
10	宁波华翔	958013

（3）创新排名靠前的企业利润率比较高。2017 年世界汽车零部件企
业的利润率为 7% 左右，我国前 96 家零部件企业的利润率（三年平均）为
10.25%，前十名企业利润率都在 20% 以上。威帝股份和模塑科技则高达
40% 以上（见表 2-6），增长潜力比较大。

_____

① 前瞻产业研究院. 汽车零部件产业规模超 3 万亿　未来仍将快速增长 ［EB/OL］.
http：//info. qipei. hc360. com/2017/10/100901783915. shtml.

表 2-6　零部件企业利润率排名

排名	企业名称	利润率 （2014~2016 年平均,%）
1	威帝股份	47.65
2	模塑科技	41.87
3	华懋科技	30.98
4	精锻科技	27.98
5	威孚高科	27.44
6	南方轴承	27.36
7	宏达高科	26.04
8	云意电气	24.22
9	中原内配	23.47
10	富临精工	23.07

尽管从数字来看，利润率较高，但是从利润来源看，我国内资零部件企业，配套层级主要在三级，占 79%，一级供应商中内资企业的比例只有 2%，甚至二级供应商仅有 19%，外资企业在中国零部件高端市场处于绝对优势地位；与在中国的外资企业相比，内资企业获取中高级市场利润的能力有很大差距，外资企业大多享有中高比例的利润，享有较高利润率的本土零部件企业数量，只相当于外资企业的 1/9[①]。

五、创新政策环境

汽车行业存在多部门重复管理、多头管理的问题。其中很多管理是不符合行政许可法的，并且至今仍没有实质性改变。目前，一个汽车产品进入市场，要经过工信部、环保部、质检总局、交通部等多重审核，这其中

---

① 刘宗巍，赵世佳，赵福全. 中国汽车零部件产业现状分析及未来发展战略［J］. 科技管理研究，2016（20）：104-108.

只有工信部的审核符合行政许可。[①] 汽车企业、行业、市场都是面向全球开放的，但是政府的管理，却没有相应调整。

从产业政策来看，"汽车产业发展政策"迄今为止经历了两个版本，2017年5月，工信部、发改委和科技部发布了《汽车产业中长期发展规划》。过去的汽车产业政策注重国产化，控制了外资的比例，限制了简单CKD的生产，这些政策对汽车工业体系的建设起到了很大的作用。而在汽车零部件行业，政府并没有过多的限制，这就造成了外资在零部件领域占有相当大的比重。

---

① 董扬，李庆文. 聚焦汽车产业六大热点问题［J］. 汽车纵横，2014（9）.

第三章　汽车零部件创新 50 强的主要特点

一、零部件企业的创新能力差异明显

从安亭指数的数值上看，零部件企业创新 TOP50 之间的创新表现落差很大，可分为五个队列：第一层级为得分在 80 分以上的企业，创新能力表现突出，只有第 1~4 名的企业，这 4 家企业分别是模塑科技、华域汽车、威孚高科、万向钱潮。排名第一的是模塑科技，主要从事汽车保险杠等零部件、塑料制品、模具、模塑高科技产品的开发、生产和销售，年汽车保险杠生产能力达 160 万套，是中国最大的汽车外饰件系统服务供应商，以总分 88.3 遥遥领先。华域汽车排名第二位，业务为独立汽车零部件研发、生产及销售。主要包括金属成型与模具、内外饰、电子电器、功能件、热加工、新能源六个业务板块。集团体系下成长起来的华域汽车等企业则主要依靠旗下合资企业实现规模扩张。第三名的威孚高科，主要业务包括燃油喷射系统、尾气后处理系统、汽车进气系统三大板块，形成了具有竞争力的汽车核心零部件产业链，为国内各大汽车厂和柴油机厂配套，并远销美洲、中东、东南亚等地。第四名的万向钱潮专业生产等速万向节、轿车减震器、汽车轴承等汽车零部件，也是较早开展国际业务的中国零部件企业。

第二层级为得分在 70 分以上的企业，创新能力表现很强，包括第 5~10 名的企业，共有 6 家：福耀玻璃、精锻科技、松芝股份、潍柴动力、威帝股份和中鼎股份。福耀玻璃主要生产汽车专用玻璃，是较早开展国际业务、目前全球规模最大的汽车玻璃专业供应商。精锻科技主营业务为汽车精锻齿轮及其他精密锻件的研发、生产与销售，主要产品为汽车差速器半轴齿轮和行星齿轮、汽车变速器结合齿齿轮，是国内乘用车精锻齿轮细分行业的龙头企业，轿车精锻齿轮产销量位居行业前列。松芝股份是专业车辆空调制造商，同时也是国内最大的大中客车空调制造商。潍柴动力的产业板块主要包括四个：动力总成（发动机、变速箱、车桥）、整车整机、液压控制和汽车零部件，位列2016年中国企业500强第79位。威帝股份是国内客车车身控制技术的领先者，主要生产汽车CAN总线、汽车仪表、汽车行驶记录仪、传感器、ECU控制单元等。位列第10名的中鼎股份，产品线远超过汽车应用，主导产品是"鼎湖"牌橡胶密封件和特种橡胶制品。

第三层级为得分60分以上的企业，创新能力表现较强，包括第11~24名的企业，共有14家。这些企业在行业内实力较强，创新能力较为突出。例如，拓普集团研发中心拥有完善的系统研发能力和试验设备，具有汽车整车系统、子系统及零部件系统的设计与开发能力，已分别进入国际、国内知名汽车制造公司的全球汽车同步研发体系（如GM、Audi和Chrysler的全球汽车同步研发体系），与国内外汽车制造厂同步开发，从2012年起建立海外研发中心，目前在美国底特律和瑞典斯德哥尔摩建有两个研发中心。中原内配为亚洲最大的气缸套专业化生产企业，世界三强之一。云意电气是我国内燃机零部件的排头兵企业，车用整流器和调节器技术水平一直保持国内领先水平、接近国际先进水平。

第四层级为得分在50分以上的企业，创新能力表现稳定，包括第25~44名的企业，共有20家。这些企业具有一定的创新实力，包括玲珑轮胎、均胜电子这样在单项榜上榜的企业。玲珑轮胎股份有限公司是世界轮胎20强、全国三大轮胎生产厂家之一。均胜电子在汽车安全领域拥有强大的核心竞争力，是全球少数几家具备主动、被动安全技术整合能力的公司。

第五层级为得分在50分以下、46分以上的企业，包括第45~50名的企业，共有6家。这6家企业在榜单中排名靠后，总分得分偏低，但也是不乏单项榜排名靠前的企业，比如福达股份，在专利单项榜排名第8名。

前十名企业得分都较高，后面的企业得分与之差距较大，第一名与倒数第一名指数值相差近一倍。

创新50强企业的创新能力差别很大、参差不齐。五个层级的企业数呈正态分布，中值为 10，标准差是 6.78（见表 3-1）。

表 3-1　创新 50 强的正态分布

	第一层级	第二层级	第三层级	第四层级	第五层级
数量	4	6	14	20	6

二、竞争方面的特征

（1）主攻传统汽车零部件产品的企业创新能力表现最为突出。排名第一位的模塑科技，主要从事汽车保险杠等零部件、塑料制品、模具、模塑高科技产品的开发、生产和销售，年汽车保险杠生产能力达 160 万套，是中国最大的汽车外饰件系统服务供应商，以总分 88.3 遥遥领先。此外，排名前十位的企业多以传统汽车零部件产品生产为主。目前我国多数零部件企业只能从事低技术含量、低附加值、劳动力密集型、生产能耗大和污染严重的零部件生产，这也严重制约了自主整车的发展。电动汽车充电系统、电动轴、AC/DC 转换器、电池管理系统和汽车电子产品，这些新能源汽车的零部件产品，还没有哪个汽车零部件供应商能够集中生产。

在关键零部件市场，我国零部件企业竞争力薄弱。据统计，内资零部件企业 90% 的市场份额和制造能力都集中在低端零部件产品。在 2013 年统计的近 200 个主要汽车零部件品种中，占总产量 100% 的电喷系统（EFI）、发动机管理系统（EMS）、中央控制器、电动后视镜，90% 以上的正时齿轮、调温器、液力变矩器、ABS 系统、分动器总成、同步器齿环、接插件、车门、电动天窗，80% 以上的半袖套管、电动玻璃升降器、汽车弹簧，70% 以上的气缸垫、差速器总成、空调装置和空调压缩机、座椅总成和座椅骨架，60% 以上的传感器、进排气管垫、空压机总成、制动鼓、发电机、起动机、灯泡、车灯总成、汽车组合仪表、汽车音响、汽车线束、安全带和安全气囊等主要汽车零部件均为三资企业生产。正时齿轮、电喷系统（EFI）、发动机管理系统（EMS）、分动器总成、同步器齿环、中央控制器等技术含量和附加值高的汽车关键零部件，产量的 90% 以上都集中在一两家外商独资或合资企业内生产，无论是从规模还是从产品的品质保障方面，与外资企业相比，国内企业的差距都是巨大的。①

（2）创新产品覆盖汽车零部件的全产业链。前 50 强汽车零部件企业的主要创新产品覆盖汽车零部件的全产业链。从产品细分领域来看，主要产品集中在动力系统、传动系统和汽车内外饰等产品谱系上，占比达到 46%；电气系统和车轮、轮胎企业也比较多，占比都在 10% 以上（见表 3-2）。

表 3-2　创新 50 强的细分产品领域

汽车内外饰	轮毂、轮胎	玻璃	传动系统	动力系统	制动系统	电气系统	空调系统	热交换系统	其他
7	5	1	7	9	2	6	1	3	9
模塑科技	万丰奥威	福耀玻璃	万向钱潮	威孚高科	特尔佳	威帝股份	松芝股份	鹏翎股份	中鼎股份
华域汽车	S 佳通		精锻科技	潍柴动力	亚太股份	云意电气		亚太科技	中原内配
宏达高科	风神轮胎		宁波高发	拓普集团		星宇股份		银轮股份	凌云股份
一汽富维	跃岭股份		南方轴承	骆驼股份		东风科技			宁波华翔
龙生股份	玲珑轮胎		富奥股份	富临精工		苏奥传感			康普顿
继峰股份			远东传动	西泵股份		均胜电子			德联集团
华懋科技			天润曲轴	德尔股份					京威股份
				德宏股份					广东鸿图
				福达股份					启明信息

汽车零部件工业的上游包括钢铁、塑料、橡胶、电子元件等生产原料，下游主要针对主机厂配套市场和售后服务市场。从其下游来说，汽车零部件工业是汽车产业的重要组成部分，汽车零部件工业是基础，没有强大的零部件工业做基础，就不会拥有独立完整和具备国际竞争力的汽车工

---

① 干勇，钟志华. 支柱性产业技术创新支撑体系研究［M］. 北京：经济管理出版社，2017.

业。汽车零部件产业包括发动机系、电器仪表系配件、汽车灯具、汽车外饰、安全防盗、车身及附件、综合配件等。关键零部件主要包括车身覆盖件、车身结构件、底盘结构件、动力总成箱体类零件、动力总成轴齿类零件、高性能发动机核心零部件及新能源汽车电驱动系统。

三、市场规模特点

（1）市场的国际化趋势更加明显。在全球经济一体化背景下，世界汽车零部件供应商在专注于自身核心优势业务的同时，进一步减少汽车零部件的自制率，转而采用全球采购的策略。出口和国际化也是中国汽车零部件企业发展的方向。

在国内市场，大的跨国公司如博世，占领了很大一块市场份额。2016年，博世在中国经营着 62 家公司，销售额达到 915 亿元人民币。截至2016 年 12 月 31 日，公司在华员工人数近 59000 名，是博世除德国以外拥有员工人数最多的国家。中国是博世全球第二大市场。

华域汽车排名第二位，业务为独立汽车零部件研发、生产及销售，集团体系下成长起来的华域汽车等企业则主要依靠旗下合资企业实现规模扩张。第三名的威孚高科，主要业务包括燃油喷射系统、尾气后处理系统、汽车进气系统三大板块，形成了有竞争力的汽车核心零部件产业链，为国内各大汽车厂和柴油机厂配套，并远销美洲、中东、东南亚等地。第四名的万向钱潮专业生产等速万向节、轿车减震器、汽车轴承等汽车零部件，也是较早开展国际业务的中国零部件企业。还有较早开展国际业务、目前全球规模最大的汽车玻璃专业供应商福耀玻璃。

（2）新兴技术领域企业发展潜力大。体现出未来发展趋势的电动化、绿色化、智能化的相关产品企业入围较少。在前十名中，仅威帝股份属于上述领域，作为国内客车车身控制技术的领先者，主要生产汽车 CAN 总线、汽车仪表、汽车行驶记录仪、传感器、ECU 控制单元等。

这表明新兴技术领域的汽车零部件企业必然随着市场的发展而快速成长，具有极大的创新增长潜力和市场空间。

四、企业创新集聚效应明显，长三角占半壁江山

随着我国汽车零部件企业规模化、专业化的较快发展，汽车零部件行业的产业集群也初具雏形。按地区划分，现已基本形成东北、京津、华中、西南、长三角、珠三角六大零部件产业集群，汽车零部件产业的竞争力得到提高。

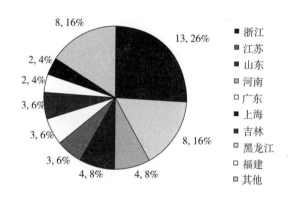

图 3-1 零部件企业的地区集聚

前 50 家企业中，分布在江浙一带的比较集中，占 42%，加上上海 3 家，说明长三角地区零部件产业创新集群实力最强。

从各省份上看，其中最多的是浙江，有 13 家，其次是江苏，8 家；然后是华中地区的山东和河南，各有 4 家零部件企业；再次是广东、上海和吉林，各有 3 家零部件企业；黑龙江和福建各有 2 家；其他 8 个省份都只有 1 家（见图 3-1）。

第四章 汽车零部件前 50 强企业的指标分析

一、经济规模

（1）资产总额及其与创新榜的关联度分析。用资产总额和主营业务收入来衡量企业的经济规模。按照 2016 年的数据，千亿元资产以上的企业共有 2 家，潍柴动力是 1640 亿元，华域汽车是 1076 亿元；均胜电子、华谊集团、福耀玻璃都在 300 亿元左右；资产总额前十名企业名单如表 4-1 所示。其中前十名企业中，有 4 家企业属于总排行榜前十的，它们是潍柴动力、华域汽车、福耀玻璃和威孚高科。

表 4-1 资产总额 10 强

排名	企业名称	资产总额 （2016 年，万元）	是否为创新评价 50 强榜单前十 （括号中数字为榜单排名）
1	潍柴动力	16399068	是（8）
2	华域汽车	10761171	是（2）
3	均胜电子	3723257	否
4	华谊集团	3577586	否
5	福耀玻璃	2986585	是（5）
6	玲珑轮胎	1796198	否
7	威孚高科	1726377	是（3）
8	大洋电机	1451230	否
9	宁波华翔	1351981	否
10	赛轮金宇	1290775	否

（2）主营业务收入及其与创新榜的关联度分析。按照主营业务收入，从 2014~2016 年三年平均数据看，华域汽车和潍柴动力接近千亿元，分别为 897 亿元和 762 亿元，华谊集团和福耀玻璃在 200 亿元上下；其余的 6 家企业都在 100 亿元左右，如表 4-2 所示。其中有 4 家企业是位列总排行榜前十的，它们是华域汽车、潍柴动力、福耀玻璃和万向钱潮。

表 4-2　主营业务收入 10 强

排名	企业名称	主营业务收入 （2014~2016 年平均，万元）	是否为榜单前十 （括号中数字为榜单排名）
1	华域汽车	8967952	是（2）
2	潍柴动力	7621308	是（8）
3	华谊集团	2764860	否
4	福耀玻璃	1972956	是（5）
5	一汽富维	1065049	否
6	玲珑轮胎	1051781	否
7	万向钱潮	1002957	是（4）
8	赛轮金宇	1001314	否
9	均胜电子	995397	否
10	宁波华翔	958013	否

对应在经济规模上，传统零部件产品的企业经济规模优势更大，新兴的企业在后面，这反映了当前我国汽车零部件产业的竞争格局，同时表明产业技术创新转型发展任务还是比较重的，使新兴高技术市场快速成长将是当前及未来的一个重要任务和发展方向。可喜的是，均胜电子入榜经济规模十强，表明了这个趋势的存在，及其快速发展的现实。

（3）经济规模的基尼系数分析。企业间创新资源差距较大，基尼系数近于 0.4。无论从企业经济规模来看，还是从企业研发经费投入或发明专利拥有量上看，十强企业之间都存在一个"二八分布"，即前两名遥遥领先于其他八个企业，在经济规模上华域汽车和潍柴动力以 800 亿元左右的规模遥遥领先（见图 4-1）；反映在基尼系数上，为 0.38（见图 4-2）。

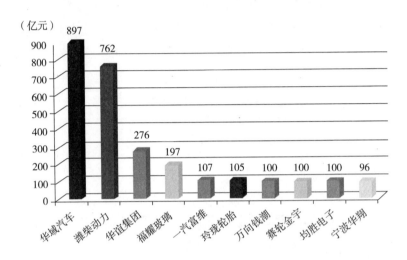

图 4-1　主营业务收入前十企业柱状图

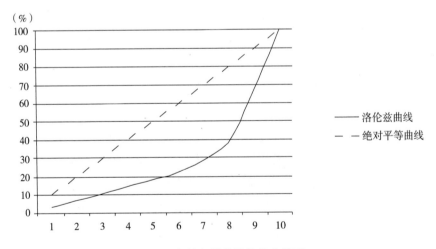

图 4-2　经济规模的洛伦兹曲线图

二、研发经费投入指标

（1）研发经费投入额及其与创新榜的关联性分析。从 2016 年的研发经费投入绝对额情况来看，前几名差距很大，潍柴动力的研发投入最高，为 33 亿元，华域汽车为 15 亿元，福耀玻璃为 5.9 亿元。2016 年，世界排名第一的汽车零部件企业博世，研发投入是 52 亿欧元。

如表 4-3 所示，2016 年研发投入额排名前十的企业，研发经费投入强度平均为 3% 左右。其中威孚高科比较高，达到 4.75%，然后依次是万向钱潮、福耀玻璃和潍柴动力。这 10 家企业中，有 6 家企业位列总榜单前十中，研发经费投入较高的企业，也是总榜单排名较靠前的企业，重合度较高。从投入到产出的能力，反映整体创新能力与实力，投入高的，表现都很好，关联性很高。

表 4-3　研发经费投入及研发经费投入强度排名（2016 年）

排名	企业名称	研发经费投入额（万元）	企业研发经费强度（研发投入额/主营业务收入）（%）	是否为榜单前十（括号中数字为榜单排名）
1	潍柴动力	325079	3.49	是（8）
2	华域汽车	153972	1.30	是（2）
3	福耀玻璃	59288	3.64	是（5）
4	万向钱潮	39744	3.91	是（4）
5	均胜电子	37791	2.07	否
6	玲珑轮胎	33357	3.23	否
7	威孚高科	28709	4.75	是（3）
8	宁波华翔	27769	2.22	否
9	中鼎股份	24952	2.98	是（10）
10	万丰奥威	24097	2.65	否

表4-4表示的是研发经费投入额2015~2016年两年的平均值，与2016年大体一致，只有个别企业不同，万丰奥威和凌云股份。同样，有6家企业位列总榜单前十，重合度很高。

表4-4 研发经费投入额排名（2015~2016年平均值）

排名	企业名称	研发经费投入额（万元）	是否为榜单前十（括号中数字为榜单排名）
1	潍柴动力	340523	是（8）
2	华域汽车	199253	是（2）
3	均胜电子	76877	否
4	福耀玻璃	66023	是（5）
5	万向钱潮	41811	是（4）
6	玲珑轮胎	34706	否
7	威孚高科	30324	是（3）
8	凌云股份	30073	否
9	宁波华翔	27576	否
10	中鼎股份	27424	是（10）

（2）研发经费投入强度及其与创新榜的关联性分析。从表4-5来看，2013~2016年四年的企业平均研发经费投入强度的排名，有些企业研发经费投入强度比较高，如斯太尔，高达33.94%。康跃科技和特尔佳都在9%左右。这些企业中，只有一家企业在总榜单排名前十，研发强度排名第五的威帝股份，其他都不在前十中。与总分排行榜的重合度较低。

表4-5 2016年研发经费投入强度排名前十（企业）

排名	企业名称	企业研发经费投入强度（研发投入额/主营业务收入,%）	是否为榜单前十（括号中数字为榜单排名）
1	斯太尔	33.94	否
2	康跃科技	9.17	否

续表

排名	企业名称	企业研发经费投入强度 （研发投入额/主营业务收入,%）	是否为榜单前十 （括号中数字为榜单排名）
3	特尔佳	8.94	否
4	启明信息	7.56	否
5	威帝股份	6.60	是（9）
6	湖南天雁	6.39	否
7	云意电气	6.06	否
8	西泵股份	5.84	否
9	福达股份	5.72	否
10	远东传动	5.49	否

　　研发投入具有专注性、技术密集度高和新兴技术等特征。在研发经费投入十强企业中，排位第一的潍柴动力，以生产变速箱、发动机等核心零部件产品为主，是典型的技术密集度高的企业，大量投入研发活动是其获取持续创新竞争力的源泉；均胜电子，作为新兴技术和产品的代表企业进入前三，显现新兴高技术企业的研发优势；福耀玻璃，能够"把一块玻璃做成全球第一"，在于对产品技术和质量的执着追求，高研发投入正是其做精、做强、做大的保证。

　　而位列第二的华域汽车，近年来大力发展电子电器、功能件、新能源等零部件产品，既涉足技术密集度高的领域，又着力于新兴技术领域，研发经费投入平均近20亿元，实则不多。

　　（3）研发经费投入的基尼系数分析。在研发经费投入上，潍柴动力和华域汽车平均超过20亿元，特别是潍柴动力平均经费支出高达34亿元（见图4-3）；在发明专利上，潍柴动力和华谊集团以400件左右的专利拥有量大幅领先其他企业。特别是潍柴动力，三个指标表现突出，是一家具有极为典型的创新资源集聚优势的创新型企业。研发经费投入的基尼系数是0.4（见图4-4），表明研发经费投入在企业间差异较大。

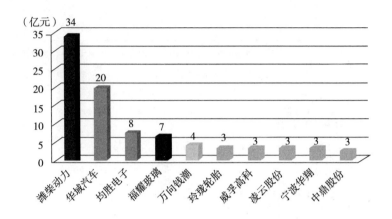

图4-3　研发投入前十名企业柱状图

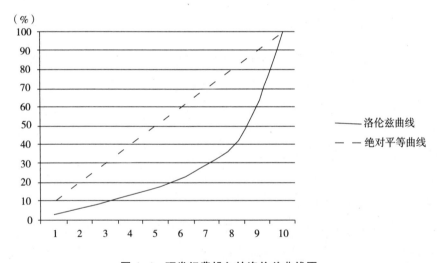

图4-4　研发经费投入的洛伦兹曲线图

三、研发人员投入指标

与国际零部件企业巨头同场竞技，掌握技术是关键，而获得核心技术必须靠企业自身的努力。一方面是基础设施建设，包括建设研发中心、实验室等；另一方面是人才队伍培养、研发人员投入。人才缺乏一直是汽车零部件企业自主创新能力建设中存在的突出问题。伴随着企业的快速发展，对研发、制造、管理、营销、涉外事务等方面的人才需求出现了大量缺口。对于全国当前几万家零部件企业，人才，特别是研发人员短缺成为制约这些企业发展的瓶颈之一。

从研发人员投入强度指标来看，表4-6反映了2013~2016年平均值，启明信息、云意电气和斯太尔排名前三。按照平均值的人员投入强度，与总排名前十的企业重合度较低。有三家企业位列总排行榜前十，它们是威帝股份、精锻科技、威孚高科。

表4-6　研发人员投入强度前十的企业

排名	企业名称	研发人员投入强度（研发人员数/从业人员数）（2013~2016年平均，%）	是否为榜单前十（括号中数字为榜单排名）
1	启明信息	52.16	否
2	云意电气	42.05	否
3	斯太尔	27.88	否
4	威帝股份	25.29	是（9）
5	康普顿	23.93	否
6	精锻科技	23.70	是（6）
7	特尔佳	22.69	否
8	宏达高科	21.22	否
9	威孚高科	20.79	是（3）
10	湖南天雁	18.63	否

从研发人员数量来看，如表4-7所示，只有2016年的数据，华域汽车、潍柴动力、福耀玻璃排名前三位，研发人员数量在3000人以上。排名前十的企业中，有6家企业位列总榜单前十，它们是华域汽车、潍柴动力、福耀玻璃、中鼎股份、万向钱潮和威孚高科。重合度较高，表明人员绝对数的关联性较高。

表 4-7　研发人员数排名前十的企业

排名	企业名称	R&D 人员 （2016 年，人）	是否为榜单前十 （括号中数字为榜单排名）
1	华域汽车	4401	是（2）
2	潍柴动力	4064	是（8）
3	福耀玻璃	3027	是（5）
4	中鼎股份	2157	是（10）
5	均胜电子	2045	否
6	宁波华翔	2013	否
7	玲珑轮胎	1222	否
8	万向钱潮	1149	是（4）
9	威孚高科	1083	是（3）
10	凌云股份	1071	否

四、专利指标

（1）专利及其与创新榜的关联度分析。按照累计有效专利总量来看，如表 4-8 所示，潍柴动力以 2056 件有效专利排名第一，华域汽车 1162 件排名第二，大洋电机 980 件排名第三。在排名前十的企业中，有 4 家企业位列总榜单前十，它们是潍柴动力、华域汽车、福耀玻璃和模塑科技。

表 4-8　截至 2016 年的累计有效专利总量

排名	企业名称	2016 年专利数 （件）	是否为榜单前十 （括号中数字为榜单排名）
1	潍柴动力	2056	是（8）
2	华域汽车	1162	是（2）
3	大洋电机	980	否
4	华谊集团	768	否

排名	企业名称	2016 年专利数（件）	是否为榜单前十（括号中数字为榜单排名）
5	福耀玻璃	601	是（5）
6	模塑科技	466	是（1）
7	玲珑轮胎	438	否
8	宁波华翔	396	否
9	富奥股份	378	否
10	星宇股份	336	否

按照发明专利总量来看，如表 4-9、图 4-5 所示，截至 2016 年的累计有效发明专利数量，排名前四的企业都超过 100 件发明专利，分别是潍柴动力、华谊集团、福耀玻璃和华域汽车，分别为 406 件、391 件、171 件和 131 件。其中有 4 家企业位列总榜单前十，它们是潍柴动力、福耀玻璃、华域汽车、万向钱潮。

表 4-9　截至 2016 年的累计有效发明专利总量

排名	企业名称	2016 年专利数（件）	是否为榜单前十（括号中数字为榜单排名）
1	潍柴动力	406	是（8）
2	华谊集团	391	否
3	福耀玻璃	171	是（5）
4	华域汽车	131	是（2）
5	大洋电机	69	否
6	鹏翎股份	67	否
7	西泵股份	63	否
8	福达股份	53	否
9	双林股份	50	否
10	万向钱潮	44	是（4）

（2）发明专利及其与创新榜的关联度分析。从发明专利十强企业上看，生产关键零部件的企业都是专利表现好的，如生产发动机、变速箱等核心零部件的潍柴动力。此外，处于新兴技术领域的零部件企业表现较好，如围绕电动化、智能化的零部件企业的大洋电机，向新能源转型的万向钱潮，表现都较好。

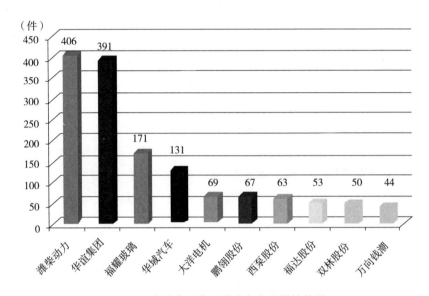

图4-5 有效发明专利前十名企业的柱状图

（3）指标间关联性。发明专利的基尼系数是 0.35（见图 4-6），说明按照发明专利拥有量来看，企业之间的差异较大。

研发经费与经济规模关联性强，却与发明专利关联度相对较弱。与经济规模十强企业相比，研发经费投入十强中有 7 家企业也位于经济规模十强之中，二者入榜企业重合度高达 70%；而与发明专利拥有量十强企业相比，仅有 4 家企业同时入榜，二者重合度仅为 40%（见表 4-10）。这反映出两个现象：第一，企业研发经费投入与企业的经济规模实力密切相关，后者是前者的基础和保障；第二，企业申请发明专利及其发明专利保有量的高低与研发经费投入的多少不存在强关联关系。这也反映出一个问题：在汽车零部件企业竞争中发明专利对企业竞争优势的作用可能比较小，因此，企业投入研发并不会首选申请专利保护。

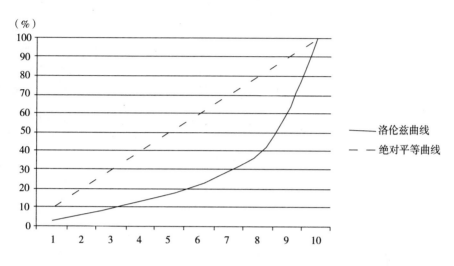

图 4-6　发明专利拥有量洛伦兹曲线图

表 4-10　研发、规模、专利十强相互关联

序号	企业名称	研发经费投入十强	经济规模十强	发明专利十强
1	潍柴动力	√	√	√
2	华域汽车	√	√	√
3	福耀玻璃	√	√	√
4	万向钱潮	√	√	√
5	均胜电子	√	√	×
6	玲珑轮胎	√	√	×
7	宁波华翔	√	√	×
8	威孚高科	√	×	×
9	凌云股份	√	×	×
10	中鼎股份	√	×	×

五、利润指标

（1）利润额及其与创新榜的关联分析。按照 2013~2016 年四年平均利润额来看，华域汽车以 59.6 亿元的利润排名第一位，潍柴动力以近 47 亿元的利润排名第二位，福耀玻璃以 30 亿元的利润额排名第三位。排名前十的企业中，有 6 家企业位列总榜单前十，重合度较高，它们是华域汽车、潍柴动力、福耀玻璃、威孚高科、万向钱潮和中鼎股份（见表 4-11）。

表 4-11　企业利润额排名

排名	企业名称	企业利润额 (2013~2016 年平均，万元)	是否为榜单前十 （括号中数字为榜单排名）
1	华域汽车	595714	是（2）
2	潍柴动力	469184	是（8）
3	福耀玻璃	299506	是（5）
4	威孚高科	161297	是（3）
5	玲珑轮胎	112332	否
6	万丰奥威	88142	否
7	万向钱潮	87840	是（4）
8	宁波华翔	85055	否
9	中鼎股份	80492	是（10）
10	骆驼股份	68441	否

（2）利润率及其与创新榜的关联分析。按照利润率情况来看，威帝股份、威孚高科和腾龙股份排名前三，分别约为 48%、30%、22%。其中有三家企业位列总榜单前十，它们是威帝股份、威孚高科、福耀玻璃（见表 4-12）。

表 4-12　按照利润率排名的前十

排名	企业名称	利润率（利润额/主营业务收入）（2013~2016 年平均, %）	是否为榜单前十（括号中数字为榜单排名）
1	威帝股份	47.65	是（9）
2	威孚高科	29.90	是（3）
3	腾龙股份	21.65	否
4	联明股份	18.10	否
5	拓普集团	17.38	否
6	云意电气	16.02	否
7	亚太科技	16.02	否
8	康普顿	15.67	否
9	S 佳通	15.41	否
10	福耀玻璃	14.62	是（5）

　　从企业利润率上看，传统零部件产品的利润相对较高，是主要的利润来源，如模塑科技以保险杠产品为主要利润来源，而围绕电动化、智能化等新兴技术领域的零部件产品的盈利能力并没有充分体现出来。

　　一般而言，适当的创新资源集聚会提高创新效率，但从安亭指数上看，汽车零部件企业创新资源优势明显的潍柴动力并不是创新表现最好的企业，值得深入分析，特别是应考察企业对创新资源的利用及其后端组织创新、管理创新、商业模式创新等方面的表现，从而发现我国汽车零部件领军企业成为世界一流企业的差距与路径。

第五章　零部件企业创新的挑战与问题

一、缺乏核心技术，自主研发能力弱

目前，国内汽车零部件企业普遍存在技术水平和产品研发能力不强，缺乏关键和核心技术，难以满足整车系统化、模块化和同步化的发展要求，对整车企业提高研发能力的支撑作用不够。我国零部件工业产值占汽车工业总产值的比重仍在 30% 左右，远低于发达国家的 60%~70%。其原因是我国本土汽车零部件企业的产品更多地集中在低附加值产品领域，在关键零部件产品的设计开发、制造工艺水平及供应链管理等方面还难以适应跨国汽车企业对整车匹配的较高要求，在参与整车同步研发、零部件系统集成等方面的技术力量也较为欠缺，难以在较短时间内形成对进口关键零部件的大规模替代[①]。

近年来，已经有一些零部件企业成功走出了自主创新发展之路，但也只是少数企业。总体而言，我国内资零部件企业缺少技术来源渠道，缺乏完善的产品研发体系和产品开发战略，产品研发手段不足，开发流程和关键节点控制不到位，缺乏完整的、系统化和平台化的产品数据库支持，专利技术还主要集中在实用新型和外观设计上，在高端技术方面依赖于跨国企业和国外研究机构，技术开发人力资源缺乏。同时，整车企业也缺乏对零部件企业的技术支持，对与自主零部件企业建立同步开发机制缺乏关注。

---

① 2017 年中国汽车零部件行业发展现状分析、行业竞争格局及发展趋势预测［EB/OL］. http：//www.chyxx.com/industry/201705/521440.html.

二、整零关系不协调

零部件企业与整车企业之间多为不稳定的、单纯的供求关系，而尚未建立长期合作、共同发展、互利共赢的战略伙伴关系，零部件企业处于从属地位，供应链关系不牢固。从我国零部件工业的成长进程来看，其发展模式是一种以整车配套为主的"依附式"发展模式。这种模式的结构是一种以整车企业为核心、多层零部件企业环绕的环状框架，其形状近似一个箭靶：靶心为整车生产企业；第二环为核心零部件企业；第三环为骨干零部件企业；第四环为协作企业。从改革开放到20世纪90年代中期，零部件企业主要围绕整车企业提供配套，90年代中期以后，零部件企业开始创新发展[①]。

整车企业为追求自己的利益，更倾向于选择成熟的、国外的供应商。缺乏与零部件企业共同开发新产品、应用新产品的积极性和动力。长期以来，国内各系整车企业配套自成体系，美系、日系、法系、德系、韩系均采用本国的配套体系及配套企业的零部件产品，各大自主整车集团也保持较为独立的零部件配套体系，各系整车及零部件企业之间互相配套较少，整车企业同体系外零部件企业的配套关系不稳定，零部件企业规模较小且互信互惠不足。企业间缺乏稳定的战略合作关系，零部件供应企业处于较弱势的地位。整车与零部件企业技术协同发展水平偏低。我国整车企业持续要求零部件产品技术、品质不断升级，但缺乏对零部件企业有效的技术引导和技术支持。目前本土零部件企业与整车企业之间多为不稳定的、单纯的供求关系，而尚未建立长期合作、共同发展、互利共赢的战略伙伴关系，更多的是扮演着"父与子""管与被管"的角色。如何增强企业间的信任、拓展关键技术来源渠道、加大投资强度，将零部件企业和整车企业之间的单纯供求关系转变为协同发展、互利共赢关系是当前急需解决的问题，建立协调的、战略性的整零关系显得尤为重要。

---

① 李霞. 汽车零部件行业发展分析与策略研究 [J]. 西部交通科技, 2006 (1): 71-74.

三、零部件产业缺乏明确的国家战略和政策支持

目前，我国大部分关键零部件的市场份额和利润都被外资、合资企业占据，内资零部件企业无法有效支撑建设汽车强国的战略目标。

国家缺乏做强汽车零部件产业的明确战略和顶层设计。国家层面对汽车零部件产业发展的清晰定位和系统规划明显不足，没有站在汽车强国必备条件的高度专门出台有关中国汽车零部件发展的指导性文件，在产业整体相关规划中有关零部件的阐述也缺少针对性、系统性和连续性。

在政策层面也缺少对内资零部件企业的支持。1994~2004 年，国家出台了一系列政策，逐步放开了汽车零部件产业的股比限制，甚至鼓励外资进入，使尚处于发展阶段的内资零部件产业受到较大冲击。在此背景下，合资和外资零部件企业在中国开始了大规模扩张，尤其是 2004 年允许外商独资或控股的政策出台后，国外零部件企业在中国呈现出爆发式的增长态势。

第六章 汽车零部件企业创新发展展望

罗兰贝格携手金融服务公司拉扎德发布了《全球汽车零部件供应商研究 2018》，对全球约 650 家汽车零部件供应商的发展现状和面临的挑战进行了分析，并列举了应对挑战所需采取的关键举措。报告预计，2018 年全球汽车零部件行业将持续增长，但增速趋缓；出行服务、自动驾驶、数字化与电气化这四大趋势将持续改变汽车行业，并在所有汽车零部件领域引发颠覆性变革，供应商转变商业模式以应对"终局"挑战势在必行。

一、模块化趋势

平台模块化是目前汽车产业日益明显的趋势，其核心是通过实现通用化，缩短产品开发周期、降低研发和制造成本、提高开发及生产效率、降低产品质量问题概率。当前国际主流车企在平台模块化设计和制造方面不断加强探索，例如大众的 MQB 平台、丰田的 TNGA 平台、日产的 CMF 平台、沃尔沃的 SPA 平台等。整车厂采取平台模块化模式，要求零部件供应商必须能够提供集成后的模块化系统或总成。今后越来越多的零部件供应商将不能再以单个零部件供货，模块化总成供应商才能作为核心供应商，进入整车厂的供应链体系[①]。

二、新能源趋势

近年来，随着我国对环境保护、节能减排的日益重视，节能、低耗、

---

① 迟国泰，齐菲，张楠. 基于最优组合赋权的城市生态评价模型及应用 [J]. 运筹与管理，2012, 21 (4)：183-191.

环保越来越成为我国汽车工业发展的焦点。我国相继出台了一系列汽车行业节能减排的产业政策，对汽车零部件在环保、节能等方面的性能提出了更高的要求，在给汽车零部件行业带来诸多挑战的同时，也促使汽车零部件企业不断研发创新，提高产品技术水平。预计到 2030 年，每年生产的汽车中将有 57% 属于纯电动、插电式混动力或 48 伏电气系统的汽车。

在监管压力与技术加速发展的影响下，整车厂的电气化势头强劲，预计到 2025 年，电动汽车的市场份额在美国将占到 8%～20%，在欧洲为 20%～32%，在中国为 29%～47%。新能源是相对于传统化石燃料而言的，如使用电驱动，电能有高碳电、低碳电之分，也可以来自风能、核能、太阳能，所以发展哪种新能源，其实有很大的变数，也取决于国家政策的引导。

跨国零部件企业将目光投向智能网联、电动汽车领域，希望通过整合加速转型。博世、大陆在之前的两年里收购、投资了多家涉及智能网联、自动驾驶、人工智能的企业。据悉，在电动交通和网联化两大领域，博世前期的投资规模巨大，2016 年的数额更是增至 66 亿欧元。目前，博世投入 3 亿欧元的全新人工智能中心投入运营。大陆也是如此，2016 年，该集团对城市软件学院公司进行战略投资，致力于智能城市和智能交通系统（ITS）的研发①。

三、智能互联汽车

在数字化领域，互联技术正在成为主流应用，人工智能也将为汽车行业发展提供无限可能。"电动化、网联化、智能化和共享化"正影响着中国汽车产业的发展进程。智能互联汽车于传统汽车，就类似于手机行业中的智能手机与功能手机，传统汽车根植于动力、性能、油耗等现实维度，侧重于驾驶的三维开车乐趣。"智能互联汽车"是人、车、路、基础设施四个维度的交互，更看重人与人、人与车、车与车，及人车与整个外部环

---

① 黄霞. 2017 跨国零部件巨头整合纵深化 [N]. 中国汽车报，2017-02-18.

境的智能、交互、服务与体验。

乐视、蔚来、小鹏、智车优行、威马、车和家、游侠等多家互联网汽车品牌将于 2017 年进行量产。其中，凌云汽车于 2017 年进入试驾阶段，将在 2018~2019 年进入量产期；威马汽车首款产品 2018 年将在温州下线；车和家的智能电动汽车也将在 2018~2019 年上市；风翔汽车未来将推出三款纯电动超跑，但量产时间未定。从传统汽车到智能互联汽车，不仅仅是从三维到四维的迭代，更是数字化、信息化等数据获取、数据分析处理转化的迭代。在信息数字时代，无论是智能化还是互联网化，都将基于数据建设，并且需要数据和服务的支持。

四、用户需求导向

随着信息娱乐和自动驾驶汽车等颠覆性技术的到来，汽车也正呈现个性化发展的趋势。特斯拉就是创造和发现用户需求的典范。特斯拉从成立之初，就将产品定位在高端市场，客户目标锁定为那些有环保意识的高收入群体、社会名流以及明星，与传统企业从技术、外形、零部件、质量标准、控制成本、品牌规划、构建网络生产汽车不同，特斯拉从结果入手，一开始就考虑消费者会喜欢什么样的汽车，怎样做到完美体验。

第五篇

中国企业专利分析

第一章　专利申请趋势分析

专利申请趋势在一定程度上反映了技术的发展历程、技术生命周期的具体阶段，并可以预测未来一段时间的发展趋势。全球及主要国家汽车制造专利申请趋势如图 1-1 和图 1-2 所示。由图 1-1 和图 1-2 可知，从 1886 年 1 月 29 日德国机械工程师卡尔·奔驰申请了世界上第一项汽车发明专利 DE37435C 之日起，世界汽车的发展已经经历了 130 年左右的历史。从 19 世纪末期开始至第一次世界大战（1914 年 7 月至 1918 年 11 月）20~30 年的时间，形成了汽车的发明家时期，也是发达国家汽车工业的初步形成时期，专利申请量处于持续的快速增长中。1929~1933 年源于美国的世界性经济危机，使全球专利申请量开始出现下降。随着 1939 年 9 月 1 日第二次世界大战的爆发，直到 1945 年 9 月 2 日第二次世界大战结束，汽车专利申请量一路下滑至最低点。之后汽车领域专利申请整体上开始迅猛增长。

对中国、美国、日本、韩国、德国五个国家的汽车产业与专利申请情况的分析可以看出，1966 年之前，各国专利申请量较少，其中，日本于 1951 年左右开始申请汽车专利，德国于 1886 年开始进行汽车专利的申请，美国的专利申请也是开始于 1886 年；1966 年之后，日本的专利申请量开始快速稳步增加，并持续保持全球第一的位置至 2005 年左右，美国也呈现快速增长态势，并于 2005 年左右超过日本。中国在 2000 年之后专利申请量几乎呈现直线上升，于 2010 年左右跃居全球第一的位置，其原因是，第四次汽车产业转移开始于 20 世纪末 21 世纪初，是从发达国家转移到发展中国家，中国作为第四次汽车产业转移的输入地之一，在中国布局的汽车专利数量快速增长，一年专利申请量最高达到 15 万件左右。

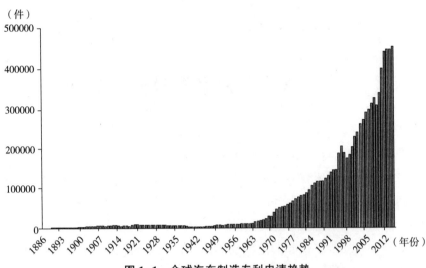

（件）

图1-1　全球汽车制造专利申请趋势

资料来源：incoPat科技创新情报平台。

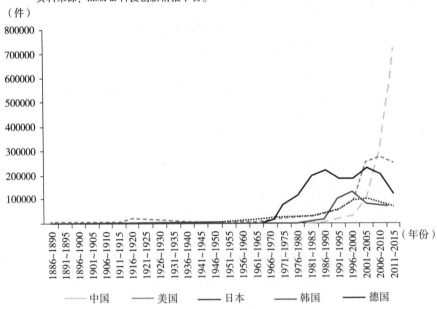

（件）

中国　　　　美国　　　　日本　　　　韩国　　　　德国

图1-2　主要国家专利申请趋势

资料来源：incoPat科技创新情报平台。

第二章　专利区域分析

一、专利布局区域分布

全球汽车制造专利布局区域分布如图 2-1 所示，其中，日本以 2133848 件的专利量，成为最大的汽车制造技术市场国；排在第二位的欧洲专利量为 1954735 件，其中，德国专利量为 795990 件，约占欧洲汽车制造专利总量的 40%；中国成为第三汽车制造技术目标市场国，专利量为 1297467 件；日本、欧洲、中国、美国、韩国、法国的专利量之和占全球汽车制造专利总量的 90.64%，可见，这些国家是全球汽车制造巨头们申请专利的主要布局区域。

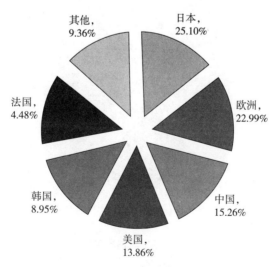

图 2-1　专利布局区域分布

资料来源：incoPat 科技创新情报平台。

二、原创国分布

专利技术原创国的申请量，可以反映某国家或地区的技术创新能力和活跃程度，技术原创国分析在一定程度上能够反映技术来源国。专利技术原创国申请量占比（见图 2-2）的数据显示：欧洲排名第一，申请 2661403 件专利（约占全球汽车制造专利总量的 31%），其中，德国申请 1017974 件专利（占欧洲专利申请总量的 38.25%）；日本排名第二，申请 2311041 件专利，约占全球汽车制造专利总量的 27%；美国排名第三，申请 1122382 件专利，约占全球汽车制造专利总量的 13%；中国排名第四，与排名第三的美国专利申请量不相上下，约占全球汽车制造专利总量的 13%；法国、韩国与排名前四位的汽车专利申请量还是有一定的差距。可见，全球汽车制造技术主要掌握在：欧洲、日本、美国、中国、韩国和法国。

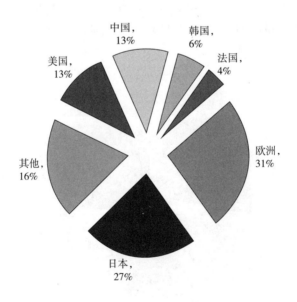

图 2-2　专利技术原创国申请量占比

资料来源：incoPat 科技创新情报平台。

第三章　重点申请人分析

一、全球主要申请人

通过全球主要申请人专利申请量对比（见图3-1）可以发现，在全球前15位汽车专利申请人中，日本的申请人有7位，而且这7位申请人皆为企业，其申请量之和753861件占到这15位申请人申请总量1293432件的58.28%，占专利总量8501616件的8.87%，可见日本在汽车制造领域的

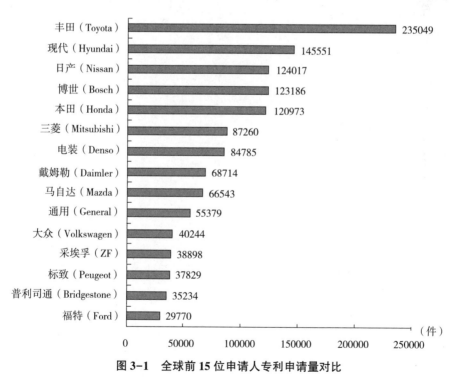

图3-1　全球前15位申请人专利申请量对比

资料来源：incoPat科技创新情报平台。

表3-1　全球前10位专利申请人的专利申请趋势

单位：件

年份 申请人	1886~1895	1896~1905	1906~1915	1916~1925	1926~1935	1936~1945	1946~1955	1956~1965	1966~1975	1976~1985	1986~1995	1996~2005	2006~2016
丰田	0	0	0	0	0	0	3	22	1356	12565	24729	67201	118215
现代	0	0	0	0	0	0	0	0	0	72	16760	68670	58405
日产	0	0	0	0	0	0	0	1	2790	21942	26814	39976	29949
博世	0	6	69	138	510	525	509	1312	5078	9526	14617	42785	44699
本田	0	0	0	0	0	0	0	19	600	8157	16475	42996	48198
三菱	0	0	0	0	0	0	0	19	761	8073	21939	26463	26953
电装	0	0	0	0	0	0	0	0	274	4586	5607	33418	37420
戴姆勒	0	5	133	122	282	550	1973	3009	4629	6861	8876	22392	19774
马自达	0	0	0	0	0	0	0	0	69	9608	30817	14821	10505
通用	3	13	41	260	455	528	1419	2497	3127	3932	6018	8973	20938

资料来源：incoPat科技创新情报平台。

强大研发实力。全球汽车专利申请量排在前 15 位的申请人中没有中国申请人，除了 7 个日本申请人外，还有 2 个美国申请人、1 个韩国申请人、4 个德国申请人和 1 个法国申请人。

全球主要汽车申请人的专利申请趋势如表 3-1 所示，从表中可以看出，全球排名前 10 位申请人的专利量呈现递增趋势。国际汽车产业出现了 4 次转移：第一次是 1915 年左右从欧洲转移到美国；第二次是 1970 年左右从美国转移到欧洲；第三次是 1985 年左右从欧洲转移到日本；第四次是从发达国家转移到发展中国家，时间大致从 20 世纪末 21 世纪初开始。排名前 10 位的申请人中有 6 个是日本申请人，分别是：丰田、日产、本田、三菱、电装、马自达，可以发现它们的专利量从 1986 年开始都有一个很大的提高，美国通用在汽车产业发生第一次产业转移即 1915 年之后，专利量开始快速增加，德国的博世和戴姆勒在汽车产业发生第二次转移即 1970 年之后，专利申请量也开始快速增长，可见，产业转移的发生是伴随着技术的产出和转移的。

结合全球主要申请人专利布局区域（见图 3-2），可以发现，全球汽车申请量排名前 15 的申请人在中国、日本、美国、德国、韩国的专利布局

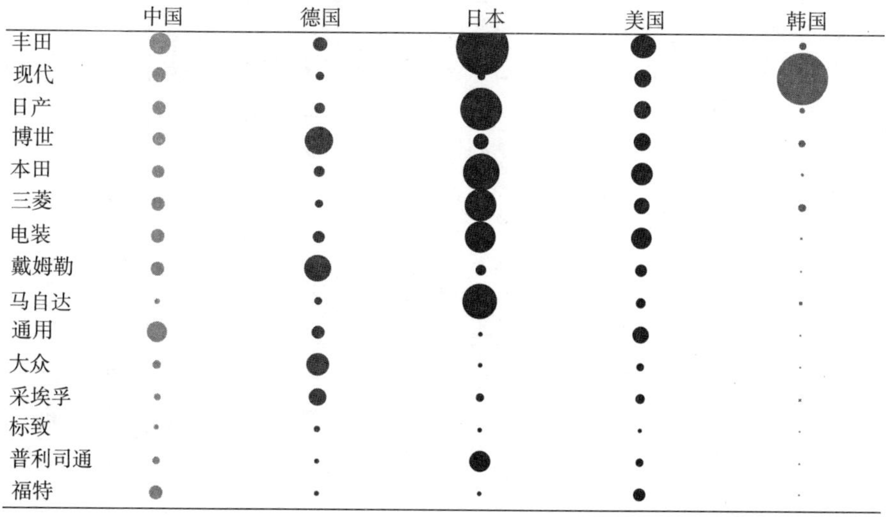

图 3-2　全球前 15 位汽车申请人专利布局

资料来源：incoPat 科技创新情报平台。

单位：件

表3-2 全球主要汽车申请人的专利技术主题分布

技术主题 申请人	整车	发动机	车身	底盘	电气设备	新能源汽车 用动力电池	新能源汽车 用电动机	新能源汽车 用电控系统
丰田	4088	63174	35839	49308	34131	5355	6300	15189
现代	1788	30232	31110	36744	19843	3038	2719	5883
日产	1582	25485	18926	32440	16295	1952	3819	5805
博世	680	28477	14940	29926	31038	2137	8375	9748
本田	2713	29628	16430	30209	15889	2160	3608	5536
三菱	1183	22102	10006	14924	19673	931	1877	4449
电装	587	19518	17052	8674	25931	592	1009	2495
戴姆勒	1230	8297	16053	17908	8045	1333	8218	4657
马自达	377	23069	8429	11232	6691	147	641	641
通用汽车	753	9118	9890	6861	4038	377	1451	1512

资料来源：incoPat科技创新情报平台。

量分别为：93646 件、449965 件、161873 件、152840 件、132336 件，那么，可以看出，日本不仅是最大的汽车技术输出国，还是汽车厂商们的最大目标市场国，并且日本企业非常注重全球范围的专利布局，日本的丰田、本田、日产、三菱、电装等巨头除了在本国布局专利外，还在中国、美国和德国布局了大量的专利，并且在韩国进行了少量专利布局。纵观整个趋势，可以看出，各汽车巨头们在中国的专利布局情况，排名靠前的分别是：丰田（Toyota）、通用（General）、博世（Bosch）、现代（Hyundai）；各巨头（除韩国企业）在韩国布局的专利数量较少，而中国、美国是它们的主要目标市场国。

通过全球主要汽车申请人的专利技术主题分布（见表 3-2）可以发现，全球领先企业均非常重视对于汽车发动机、车身、底盘和电气设备的专利布局，尤其是发动机专利的全面布局，虽然主要申请人在新能源汽车的电池、电机和电控方面的专利布局量少于发动机、车身、底盘和电气设备四个领域的专利量，但新能源汽车近些年才被作为产业重点发展方向，可以预见，新能源汽车技术的专利申请未来定会加快步伐。

二、中国主要申请人

在中国专利排名前 15 位的专利申请人布局（见图 3-3）中，有 3 家日本企业，8 家中国企业，2 家美国企业，1 家德国企业和 1 家韩国企业，国外企业占有率接近一半，单从申请人数量上而言，中国是占有优势的，但是从申请人专利量排名上我们可以看出，日本和美国的企业非常注重对中国汽车市场的抢占，在中国积极进行了大量汽车专利的布局。将排名前 10 位申请人的专利申请情况进行展开分析（见表 3-3），可以看出，2006 年前后各跨国巨头纷纷加快了在中国市场抢滩登陆的速度，在中国布局的专利数量快速增长。

由中国前 10 位专利申请人的专利申请状况（见表 3-3）可知，国外申请人有 3 个，分别是：丰田、通用和现代。丰田在 1985~1990 年申请专利 9 件，分别是关于液压驱动、发动机、汽车门等领域的，一直到 20 世纪末，每五年的专利数量最多没有超过 1000 件；21 世纪以后，随着中国汽车市场的兴起，丰田通过与一汽和广汽的合作形成"南北丰田"的战略格局，在中国的汽车市场上形成很大的竞争优势，并在 2001～2005 年申请了专利 2502 件；2009 年，丰田公司遭遇历史上最大规模的汽车召回事件，但其在 2009 年的专利申请量仍然保有 1414 件，分别调取在 2006～2010 年的专利申请量，2006 年申请 1305 件，2007 年申请 1641 件，2008 年申请 1665 件，2010 年申请 1445 件，可以看到，这五年的专利申请量相差不大，趋于稳定。

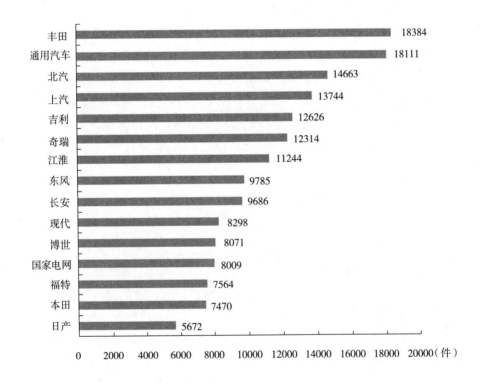

图 3-3　中国前 15 位汽车申请人申请量对比

资料来源：incoPat 科技创新情报平台。

表 3-3　中国前 10 位专利申请人的专利申请状况　　　单位：件

申请人＼年份	1985~1990	1991~1995	1996~2000	2001~2005	2006~2010	2011~2016
丰田	9	106	742	2502	7470	7754
通用汽车	118	88	126	907	5953	10919
北汽	10	8	43	145	1312	13145
上汽	11	8	46	738	3389	9552
吉利	0	0	0	83	3194	9349
奇瑞	0	0	0	346	5197	6771
江淮	0	0	2	51	930	10261
东风	41	39	45	405	1854	7401
长安	0	0	31	1008	3630	5017
现代	2	23	127	568	1693	5885

资料来源：incoPat 科技创新情报平台。

　　在中国汽车专利申请量排名前 10 位的申请人中，有 7 家是本土企业，分别是：北汽、上汽、吉利、奇瑞、江淮、东风、长安。北汽集团在 2000 年以前申请的专利是没有发明专利的，北汽集团、上汽集团、吉利和奇瑞的专利数量都是在 2006 年之后开始快速增加的。江淮汽车从 1997 年开始在中国申请汽车专利，1996~2000 年，江淮只申请了两件汽车外观设计专利，是关于载货汽车驾驶室的外观设计。东风汽车在中国一直有持续的汽车专利布局，同其他申请人类似，专利数量在近五年突增。长安汽车在 1996~2000 年，申请了 31 件专利，专利类型主要是：18 件外观设计专利，12 件实用新型专利，1 件发明专利，1997 年申请了第一件专利，是关于微车扰流翼板的，吹塑成型；2001~2005 年申请专利 1008 件，专利数量超过 1000 件，外观设计有 654 件，占比一半以上；2006~2010 年申请专利 3630 件，主要以外观设计和实用新型为主，发明专利 644 件；2011~2016 年，专利数量达到 5017 件，发明专利数量也增加到 1768 件，可以看出长安汽车的专利质量有所提高。

　　中国本土申请人排名前 10 位的企业包括：北汽集团、上汽集团、吉利汽车、奇瑞汽车、江淮汽车、东风汽车、长安汽车、国家电网、一汽集团、长城汽车，对中国主要本土申请人在其他国家（德国、日本、美国、韩国）的专利布局情况进行分析（如表3-4所示），可以发现，中国主要本土申请人汽车制造专利布局还是主要局限于本国，在其他国家的专利布局量未超过百件。

表3-4　中国本土前10位汽车申请人专利布局　　　　单位：件

	中国	德国	美国	日本	韩国
北汽	14663	44	7	4	1
上汽	13744	78	32	8	1
吉利	12626	0	9	5	3
奇瑞	12314	0	38	2	1
江淮	11244	0	0	0	0
东风	9785	1	2	0	0
长安	9686	0	4	0	0
国家电网	8009	1	7	0	0
一汽	5212	0	0	0	0
长城	4787	0	17	0	0

资料来源：incoPat 科技创新情报平台。

相较于全球主要申请人对于发动机专利的申请热度，大多数中国主要本土申请人对于车身的专利申请量多于发动机专利申请量（见表3-5），这说明，中国本土申请人的汽车专利申请主题更侧重于车身技术，而对于汽车核心技术——发动机和底盘的专利布局量较少，而我们看到中国专利主要申请人中的国外申请人（丰田、通用汽车、现代）是比较关注发动机和底盘的中国市场专利布局。因此，从专利数量的对比结果来看，中国本土申请人在汽车核心制造技术方面的专利积累和市场控制力较弱，建议未来更应关注发动机及底盘的技术研发和专利布局。对于新能源汽车领域来说，丰田、通用汽车及现代都已经在中国布局了相关专利，特别是丰田在电池、电机及电控领域的专利布局量已经与其他申请人拉开一段距离，三大技术领域的专利申请量为北汽相关领域申请量的2~3倍。

表3-5　中国主要申请人的专利技术主题分布

单位：件

技术主题 申请人	整车	发动机	车身	底盘	电气设备	新能源汽车 用动力电池	新能源汽车 用电动机	新能源汽车 用电控系统
丰田	865	3779	1866	1836	2209	693	382	1247
通用汽车	451	4074	2751	3034	2060	212	77	585
北汽	586	1967	3472	2400	2179	331	181	681
上汽	401	2065	2496	2531	2339	174	104	330
吉利	283	1878	3183	1894	1840	129	37	203
奇瑞	361	2235	2635	1777	2124	233	99	588
江淮	325	2137	1949	2553	1403	209	100	299
东风	330	1766	2165	1707	1673	127	69	223
长安	438	1819	2447	1511	1229	151	79	259
现代	212	1256	1138	1421	1296	146	158	392

资料来源：incoPat科技创新情报平台。

三、行业新进入者的技术研发方向

1. 谷歌专攻无人驾驶技术

谷歌公司是第一批进入无人驾驶领域的高科技公司，实力较强，2009年开始申请专利，截至2016年末共申请700余件专利，对其专利技术进行分析发现，谷歌无人驾驶技术较为成熟，专利布局数量较多，技术发明主要涵盖"非电变量的控制或调节系统""电数字数据处理""图像通信""测距"等方面，但其无人驾驶技术所采用的激光雷达解决方案暂未普及，谷歌无人驾驶汽车及技术分布情况如图3-4所示。

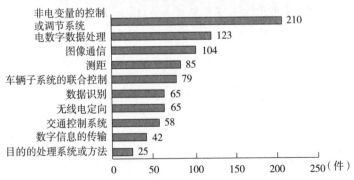

图3-4 谷歌无人驾驶汽车（上）及技术分布（下）

2. 百度专攻无人驾驶技术

百度作为一家互联网巨头，利用自身交通数据优势，2014 年强势进入汽车无人驾驶领域，其专利技术涵盖了决策系统、场景构建等多个方面。从百度原型车来看，该公司采用了类似谷歌激光雷达的技术解决方案，百度无人驾驶汽车及技术分布情况如图 3-5 所示。

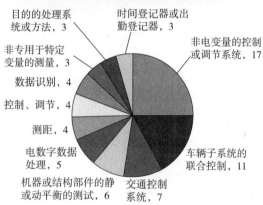

图 3-5 百度无人驾驶汽车（上）及技术分布（下）

3. Uber 专攻无人驾驶技术

著名的租车公司 Uber 也在尝试进入无人驾驶领域，并与沃尔沃达成了战略合作，共同投资自动驾驶技术。Uber 在汽车方面的专利申请量将近 100 件，涵盖了"非电变量的控制或调节系统""一般的图像数据处理或产生""交通控制"等技术，Uber 无人驾驶汽车及技术分布情况如图 3-6 所示。

图 3-6　Uber 无人驾驶汽车（左）及技术分布（右）

4. 特斯拉专攻新能源汽车

在新能源汽车领域，特斯拉专利申请量仅为 500 余件，与丰田等传统汽车厂商动辄上万件的专利申请量相比虽然显得微不足道，但是作为新能源汽车领域的新进入者，特斯拉技术领先，主要涵盖电池的一致性管控、温度控制等方面（见图 3-7）。

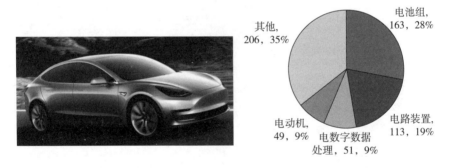

图 3-7　特斯拉 model3 汽车（左）及技术分布（右）

第四章　前沿技术的汽车应用

一、汽车 VR/AR 技术

虚拟现实（VR）与增强现实（AR）技术是极具增长潜力的项目，这两项技术在汽车领域的专利申请拥有超过 15 年的历史，共申请 400 余件专利，在 2000 年前有一波小高潮，之后一直处于低谷，直到近年随着硬件计算能力的快速提升，引发了这项技术的专利申请出现了新一轮高速的增长（见图 4-1）。

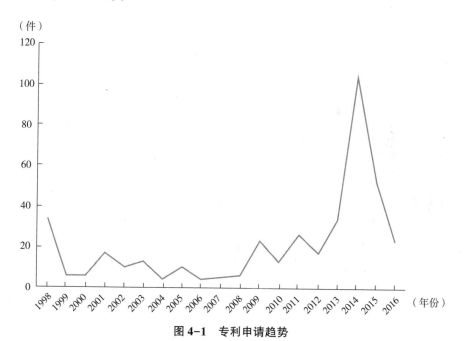

图 4-1　专利申请趋势

资料来源：incoPat 科技创新情报平台。

虚拟现实（VR）与增强现实（AR）技术的原创国主要是日本、韩国和美国，中国的申请量占比不足 10%，落后于欧美日韩等发达国家（见图4-2）。

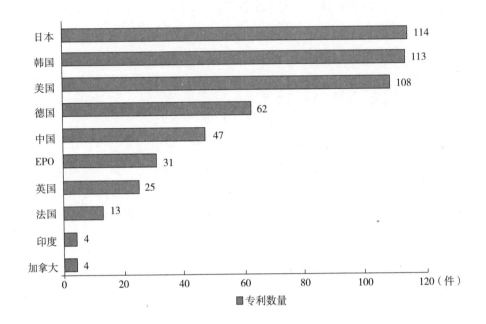

图4-2 技术原创国分布情况

资料来源：incoPat 科技创新情报平台。

从专利申请来看，汽车领域的 VR/AR 技术的开发者主要为林肯、奥迪、丰田、现代、福特、宝马等国际汽车巨头（见图4-3），中国本土研究者专利申请较少，专利申请量排名靠前的包括乐卡汽车（乐视）、北汽集团、奇瑞汽车等。汽车巨头们关于 VR/AR 技术的应用方向也各有不同，林肯主要在汽车的焊接生产中应用了这项技术，福特主要在导航中使用了该技术，奥迪主要在汽车的控制中使用了该技术，而宝马则将该技术应用到汽车行驶中的信息显示上，上述针对 VR/AR 技术应用的探索是值得学习和借鉴的。

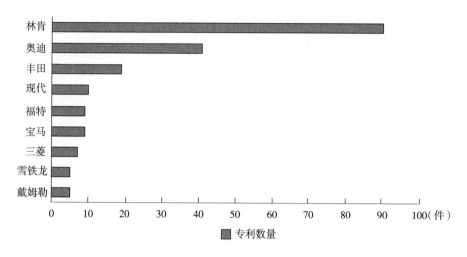

图 4-3　重点申请人专利数量排名

资料来源：incoPat 科技创新情报平台。

二、汽车无线供电技术

　　截至 2016 年 12 月末，全球汽车领域的无线供电技术共申请了 2897 件发明专利。伴随着近年新能源汽车的崛起，无线供电技术的专利出现了井喷（见图 4-4）。

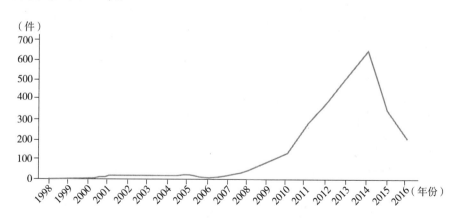

图 4-4　无线供电技术专利申请趋势

资料来源：incoPat 科技创新情报平台。

从全球专利的申请来看，日本、中国、美国、韩国居于前列，为主要的技术研发国，而德国的研发则较为保守，该技术的专利申请量大幅度落后于日本、中国、美国（见图4-5）。

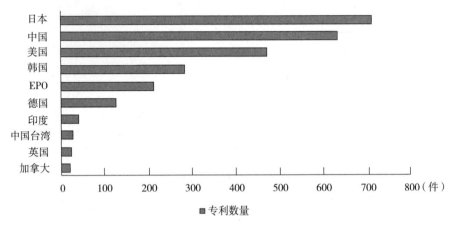

图4-5　技术原创国或地区分布情况

资料来源：incoPat科技创新情报平台。

前15位申请人的排序结果如图4-6所示，其中，日本专利申请人有日产、丰田、本田、IHI、电装、YAZAKI、三菱；美国专利申请人有高

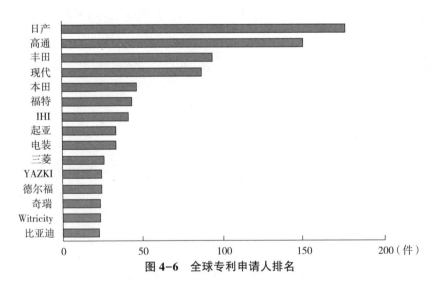

图4-6　全球专利申请人排名

资料来源：incoPat科技创新情报平台。

通、福特、德尔福、Witricity；韩国专利申请人主要包括现代、起亚；中国专利申请人为奇瑞、比亚迪。

三、房车

美国是全球拥有房车最多的国家，截至 2012 年，生产总量超过 960 万辆且仍然在以 8%～13% 的速度增长（见图 4-7）。房车的专利申请与其发展历史有着密切的关联，1910 年，第一辆可以自行移动的房车出现了，而这时也有了房车的专利申请；随后，技术人员通过对福特 T 形车的改进，使专利申请在 1920 年前后出现了快速增长；之后的一段时间，不断出现的拖挂式房车，进一步推高了专利申请；但到了 1940 年以后，第二次世界大战使房车的发展一度陷入停滞，相关专利申请骤减；之后的几十年随着战后美国贫困人口的增加、朋克和嬉皮士文化、"垮掉的一代"等众多原因促进了房车产业的发展，而 Hobby 等一众德国房车公司也在 20 世纪 60 年代开始介入房车的设计与制造领域。到了 90 年代以后，随着经济的快速增长，房车因为方便居家旅行而备受青睐，专利申请也出现猛增。2007 年，中国企业开始涉足房车市场，专利申请也在逐年提高，相信未来中国富人阶层会对房车青睐有加，并激活这一庞大的市场。

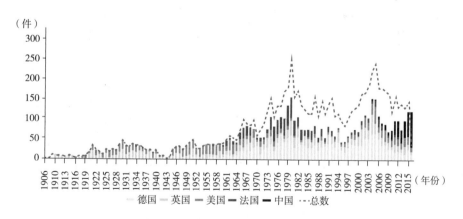

图 4-7 发明专利申请趋势

资料来源：incoPat 科技创新情报平台。

房车的全球专利主要申请人（见表4-1）以德国为主，包括了Fendt、Hymer等公司；除此以外也包含了英国的申请人Swift、大都会马车公司和中国的申请人成都三壹八、郑州宇通客车等。其中，德国、英国、美国的许多公司所申请的专利已经超过了其保护时限，国外的知名房车制造企业对于中国市场重视不够，基本没有向中国布局专利。

表4-1　全球申请人排名

国家	申请人	专利数量（件）
德国	Fendt	259
德国	Hymer	179
英国	Swift	138
中国	成都三壹八科技	48
中国	郑州宇通客车	43
美国	波音	42
中国	太仓东泰精密机械	28
德国	Polyplastic	27
英国	大都会马车	27
中国	中天高科特种车辆	25

资料来源：incoPat科技创新情报平台。

第五章 中国专利价值和运用分析

一、专利技术转让分析

中国企业在汽车行业内转让专利共计 51202 件（截至 2016 年 12 月），

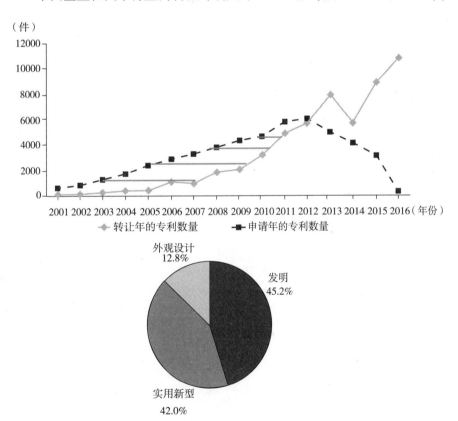

图 5-1 转让专利的申请趋势（上）、专利类型分布（下）

资料来源：incoPat 科技创新情报平台。

占中国汽车专利申请总量的 4.1%，受益于国家知识产权战略的推动，专利的转让数量逐年增加，且转让相同数量专利所花的时间越来越短。这些转让专利的专利权人主要来自东部沿海地区和长江流域，其中广东和江浙为最活跃的地区。所转让的专利类型主要为发明和实用新型，两者之和约为专利总量的 90%，如图 5-1 所示。

表 5-1　汽车领域主要转让人与受让人

转让人	专利量（件）	受让人	专利量（件）
东风汽车有限公司	1042	国家电网公司	980
中国第一汽车集团公司	824	东风商用车有限公司	935
米其林技术公司	648	中国第一汽车股份有限公司	908
松下电器产业株式会社	631	浙江众泰汽车制造有限公司	501
众泰控股集团有限公司	506	重庆长安汽车股份有限公司	499
三一重工股份有限公司	455	三一汽车制造有限公司	452
奇瑞汽车股份有限公司	435	米其林研究和技术股份有限公司	438
长安汽车（集团）有限责任公司	435	北京汽车研究总院有限公司	395
米其林研究和技术股份有限公司	423	松下知识产权经营株式会社	374
北京汽车股份有限公司	399	奇瑞新能源汽车技术有限公司	312
浙江吉利控股集团有限公司	270	中国重汽集团济南动力有限公司	234

由表 5-1 可知，中国专利转让主要以自转让为主，大多数情况下为集团公司内部的知识资产转移。

中国汽车行业内发生转让专利的技术分布较为分散，排名前十的技术专利数量仅约占发明和实用新型专利总量的三成（见图 5-2），排名前十的技术包括：电动汽车的电池控制、配件与内饰、控制系统、底盘与安全系统、传动装置、供电系统等。值得一提的是，相较于传统燃油车，新能源汽车的专利转让与合作更加频繁。

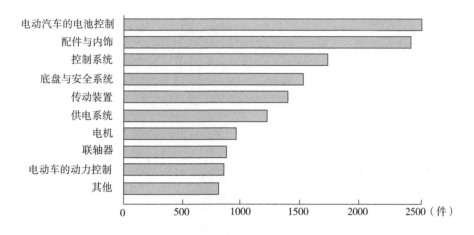

图5-2　转让专利的技术分布

资料来源：incoPat 科技创新情报平台。

二、专利技术许可分析

中国企业在汽车行业内许可专利共计 13036 件（截至 2016 年 12 月），占中国汽车专利申请总量的 1.4%。汽车行业专利许可从 2007 年开始快速增长，到 2011 年达到顶峰的 1476 件，2012 年开始专利许可情况有小幅度回落。2009 年申请年专利数量等于许可年专利数量，这一数字比转让早了 3 年。许可专利的专利权人主要来自东部沿海地区和长江流域，特别是浙江、江苏和广东三省。所许可的专利主要为实用新型，占比超过 60%。另外，在专利许可数量城市排名中，深圳（7.2%）、宁波（5.5%）和北京（5.5%）位列三甲，如图5-3 所示。

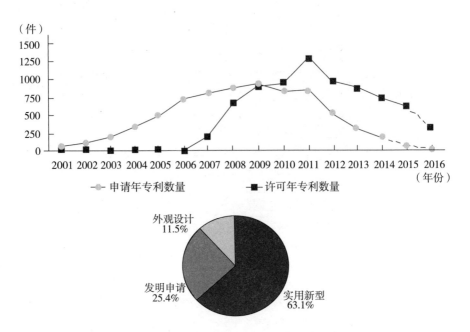

图 5-3　许可专利的申请趋势（上）、专利类型分布（下）

资料来源：incoPat 科技创新情报平台。

表 5-2　汽车领域主要许可人与被许可人

许可人	专利量（件）	被许可人	专利量（件）
浙江吉利控股集团有限公司	407	上海米其林回力轮胎股份有限公司	334
比亚迪股份有限公司	384	比亚迪汽车有限公司	153
米其林研究和技术股份有限公司	336	湖南汽车制造有限责任公司	92
奇瑞汽车股份有限公司	171	金华青年汽车制造有限公司	85
江苏大学	106	江苏南邮物联网科技园有限公司	72
安徽江淮汽车股份有限公司	104	成都高原汽车工业有限公司	70
北汽福田汽车股份有限公司	91	广州汽车集团乘用车有限公司	64
三一汽车制造有限公司	85	浙江金刚汽车有限公司	58
青年汽车集团有限公司	85	湖南吉利汽车部件有限公司	53
中国第一汽车集团公司	73	长沙福田汽车科技有限公司	53

由表5-2可知，吉利、比亚迪、米其林、奇瑞等是主要的专利许可人，米其林、比亚迪也是主要的被许可人。

中国汽车行业内发生许可专利的技术分布较为分散（见图5-4），排名前十的技术包括配件与内饰、底盘与安全系统、控制系统、电动汽车电池控制、传动装置等。

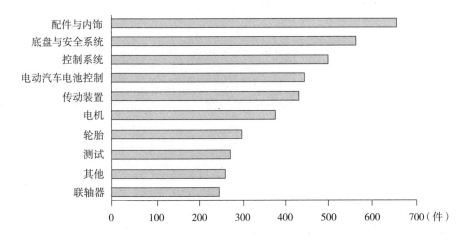

图5-4　许可专利的技术分布

资料来源：incoPat科技创新情报平台。

三、专利诉讼分析

中国企业行业内诉讼涉案专利共计659件（截至2016年12月），占中国汽车专利申请总量的0.04%，这些诉讼专利的专利权人主要来自民营经济发达的广东、江苏和浙江地区。诉讼的涉案专利以实用新型专利为主，大约占到总量的一半，其次是外观专利和发明专利，各占1/4。

汽车行业的专利诉讼主要集中在上游做零部件配套的企业，较少能看到整车企业的身影（见表5-3）。

表 5-3　诉讼当事人

领域	诉讼当事人	涉案专利数量（件）
汽车行业	刘华福	13
	北京航材百慕进出口有限公司	13
	山东沂星电动汽车有限公司	13
	崔秀华	13
	平安银行股份有限公司珠海分行	13
	广州盛源投资有限公司	13
	珠海金峰航电源科技有限公司	13
	贾秉成	13
	福建省密斯盾轮胎安全装置科技有限公司	11

中国汽车行业的专利诉讼分布较为分散，排名前十的技术仅占发明和实用新型专利的三成左右，排名前十的技术包括配件与内饰、底盘与安全系统、轮胎、交通控制系统、控制系统、电动汽车电池控制、物料储存容器等，如图 5-5 所示。

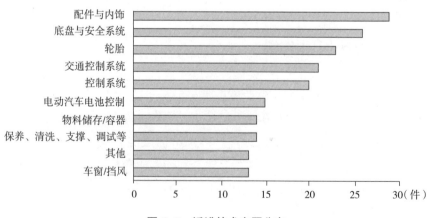

图 5-5　诉讼技术主题分布

资料来源：incoPat 科技创新情报平台。

第六章 专利专题分析小结

（1）从 1886 年 1 月 29 日德国机械工程师卡尔·奔驰申请了世界上第一项汽车发明专利 DE37435C 之日起，世界汽车的发展已经经历了 130 年左右的历史。从 19 世纪末期开始至第一次世界大战（1914 年 7 月至 1918 年 11 月）20~30 年的时间，专利申请量处于持续的快速增长中。1929~1933 年源于美国的世界性经济危机，专利申请量开始出现下降。随着 1939 年 9 月 1 日第二次世界大战的爆发，直到 1945 年 9 月 2 日第二次世界大战结束，汽车专利申请量一路下滑，至最低点。"二战"之后，汽车领域专利申请整体上快速增长，1966 年以后，日本的专利申请量开始快速稳步增加，并持续保持全球第一的位置至 2005 年左右，美国也呈现快速增长态势，并于 2005 年左右超过日本，中国在 2000 年之后专利申请量几乎呈现直线上升，于 2010 年左右跃居全球第一的位置，一年专利申请量最高达到 15 万件左右。

（2）日本、欧洲、中国、美国、韩国、法国的专利量之和占全球汽车制造专利总量的 90.64%，这些国家是全球汽车制造巨头们申请专利的主要布局区域。

（3）全球汽车制造技术主要掌握在欧洲、日本、美国、中国、韩国和法国。

（4）在全球前 15 位汽车专利申请人中，日本的申请人有 7 位，而且这 7 位申请人皆为企业，可见日本在汽车制造领域的强大研发实力。全球汽车专利申请量排在前 15 位的申请人除 7 个日本申请人外，还有 2 个美国申请人、1 个韩国申请人、4 个德国申请人和 1 个法国申请人，没有中国申请人。各汽车巨头非常重视在中国、日本、美国、德国、韩国布局专利。全球领先企业均非常重视对于汽车发动机、车身、底盘和电气设备的专利布局，尤其是发动机专利的全面布局，在新能源汽车的电池、电机和电控方面的专利申请步伐逐渐加快。

（5）在中国布局专利排名前15位的专利申请人中，有3家日本企业、8家中国企业、2家美国企业、1家德国企业和1家韩国企业，国外企业占有率接近一半，在2006年前后，各跨国巨头纷纷加快了在中国市场抢滩登陆的速度，在中国布局的专利数量快速增长。中国本土申请人排名前10位的企业包括北汽集团、上汽集团、吉利汽车、奇瑞汽车、江淮汽车、东风汽车、长安汽车、国家电网、一汽集团、长城汽车，中国主要本土申请人汽车制造专利布局还是主要局限于本国，在国外的专利布局量未超过百件。中国本土申请人的汽车专利申请主题更侧重于车身技术，而对于汽车核心技术——发动机和底盘的专利布局量较少。

（6）谷歌公司是第一批进入无人驾驶领域的高科技公司，实力较强，2009年开始申请专利，截至2016年末共申请700余件专利，技术发明主要涵盖"非电变量的控制和调节系统""电数字数据处理""图像通信""测距"等方面。

（7）百度作为一家互联网巨头，利用自身交通数据优势，2014年强势进入汽车无人驾驶领域，其专利技术涵盖决策系统、场景构建等多个方面。

（8）著名的租车公司Uber也在尝试进入无人驾驶领域，在汽车方面的专利申请量将近100件，涵盖"非电变量的控制或调节系统""一般的图像数据处理或产生""交通控制"等技术。

（9）特斯拉在新能源汽车领域的专利申请量为500余件，主要涵盖电池的一致性管控、温度控制等方面。

（10）汽车VR/AR技术是极具增长潜力的项目，这两项技术在汽车领域的专利申请拥有超过15年的历史，共申请400余件专利，技术原创国主要是日本、韩国和美国，中国的申请量占比不足10%，落后于欧、美、日、韩等发达国家，开发者主要为林肯、奥迪、丰田、现代、福特、宝马等国际汽车巨头，中国本土研究者专利申请较少，专利申请量排名靠前的包括乐卡汽车（乐视）、北汽集团、奇瑞汽车等。

（11）全球汽车领域的无线供电技术共申请了 2897 件发明专利。伴随着近年来新能源汽车的崛起，无线供电技术的专利申请出现了井喷，日本、中国、美国、韩国居于前列，为主要的技术研发国。日本专利申请人有日产、丰田、本田、IHI、电装、Yazaki、三菱；美国专利申请人有高通、福特、德尔福、Witricity；韩国专利申请人主要包括现代、起亚；中国专利申请人为奇瑞、比亚迪。

（12）房车的专利申请与其发展历史有着密切的关联，1910 年有了房车的专利申请，在 1920 年前后出现了快速增长，到了 1940 年以后，由于第二次世界大战，房车的发展一度陷入停滞，相关专利申请量骤减，之后的几十年房车因为方便居家旅行而备受青睐，专利申请量也出现猛增。2007 年，中国企业开始涉足房车市场，专利申请也在逐年提高。房车的全球专利主要申请人以德国为主，包括 Fendt、Hymer 等公司；除此以外也包括英国的申请人 Swift、大都会马车公司和中国的申请人成都三壹八、郑州宇通客车等。

（13）中国企业在汽车行业内转让专利共计 51202 件，占中国汽车专利申请总量的 4.1%，这些转让专利的专利权人主要来自东部沿海地区和长江流域，其中广东和江浙为最活跃的地区，所转让的专利类型主要为发明和实用新型。中国专利转让主要以自转让为主，大多数情况下为集团公司内部的知识资产转移。发生转让的技术主要为电动汽车的电池控制、配件与内饰、控制系统、底盘与安全系统、传动装置、供电系统等。值得一提的是，相较于传统燃油车，新能源汽车的转让与合作更加频繁。

（14）中国企业在汽车行业内许可专利共计 13036 件，占中国汽车专利申请总量的 1.4%。汽车行业专利许可从 2007 年开始快速增长，到 2011 年达到顶峰的 1476 件，2012 年开始，专利许可情况有小幅度回落。转让专利的专利权人主要来自东部沿海地区和长江流域，特别是浙江、江苏和广东三省。所许可的专利主要为实用新型，在专利许可数量的城市排名中，深圳、宁波和北京位列三甲。吉利、比亚迪、米其林、奇瑞等是主要的专利许可人，米其林、比亚迪也是主要的被许可人。发生许可专利的技术分布较为分散，排名前十的技术包括配件与内饰、底盘与安全系统、控制系统、电动汽车电池控制、传动装置等。

（15）中国企业行业内诉讼涉案专利共计659件，占中国汽车专利申请总量的0.04%，这些诉讼专利的专利权人主要来自民营经济发达的广东、江苏和浙江地区。诉讼的涉案专利以实用新型专利为主，主要集中在上游做零部件配套的企业，较少能看到整车企业的身影。排名前十的技术包括配件与内饰、底盘与安全系统、轮胎、交通控制系统、控制系统、电动汽车电池控制、物料储存容器等。

第六篇

汽车企业创新案例

第一章　从拓荒到领跑，北汽新能源如何定义创新

这是一个没有创新就没有未来的时代。

2018 年 3 月 1 日，我国首个国家级新能源汽车技术创新中心在北京成立，这是继国家高速列车技术创新中心后，第二个由科技部推动建设的国家技术创新项目。可见，在新能源汽车产业快速发展的黄金时期，科技创新已经成为产业发展的重要推动力。作为国家新能源汽车技术创新中心的发起共建单位之一，有北汽人称，"北汽新能源的存在本身就是创新"。

如果创新没有门槛，那么每个企业都能这样自我定义。问题在于，到底什么才是创新？从字面意义上看，创新有三层含义，即更新、创造新的事物，以及改变。笔者认为，从我国汽车产业近些年的发展来看，创新意味着尝试新挑战、改变传统观念，以及突破产品局限。从这几个层面看，也就不难理解北汽新能源为何自定义"生而创新"。

从 2009 年成立至今，北汽新能源坚持创新驱动高质量发展，全面推进企业自我革新、持续进化，不断实现新的突破，走出了一条大型国有汽车集团转型升级、做大做强"中国制造"的有效路径，为营造绿色、智慧、共享的出行生态做出了有益探索。其近十年的发展历程，是对"拓荒者"如何走向"领跑者"的一种诠释。

一、"北汽新能源的存在本身就是创新"

2009 年，中国以 1300 余万辆的汽车产销业绩首次超越美国，成为世界第一汽车大国。当年，国务院发布了《汽车产业调整振兴规划》，提出了"以新能源汽车为突破口，加强自主创新，培育自主品牌，形成新的竞

争优势"政策的方向初现端倪，但在传统汽车市场的"井喷之年"，新能源汽车以新事物的角色尚未被众人所了解和接受。

正是在这样的背景之下，2009年，北汽集团注资2亿元，专门成立了独立运营的"北京汽车新能源汽车有限公司"，即今天北汽新能源的前身。在鲜有人去开垦的蛮荒地带，传统汽车企业大胆尝试新的领域，对其自身而言，本身便是一种创新。"北汽集团践行国家战略，以新能源汽车为突破口发展自主品牌，是举全集团之力来做这件事，将北汽新能源作为体制机制创新的试验田和集团转型升级的排头兵。"一位北汽人如此表示。

二、技术创新"三部曲"

在这近十年的垦荒历程中，北汽新能源始终将技术创新作为企业发展的根本，以电动化为突破口，不断完善整车体系化能力，积极布局整车人工智能。所走的每一步，不仅是自身综合水平的提升，同时也是对出行需求变化和中国汽车环境趋势的有力把握。

2009~2011年，是北汽新能源的"起步期"。当时，中国新能源汽车产业发展处于起步阶段。北汽新能源根据自身的资源禀赋及对未来市场和技术发展趋势的判断，确立了坚持一条纯电驱动的技术路线，把主要精力放在电池、电机和电控等"三电"核心技术研发上。同时，建立了传统汽车改装平台，在2009年北汽收购的萨博原型车的基础上改装成纯电动汽车，为保障产品安全可靠做了大量细致研究。从当时客观条件看，这是把有限的资源用在了"刀刃"上。

2012~2015年，是北汽新能源发展的"加速期"。当时市场上的电动汽车技术日趋成熟，人们开始更加关注电动汽车的性能和配置，其中轻量化和智能化元素的载入尤为关键。

在这一时期，北汽新能源建立了与传统车平台协同开发的机制，将轻量化、智能化等技术元素融入到纯电动汽车整车开发中，并着手打造全新的正向开发平台。北汽新能源的产品逐渐走向市场，销量迅速攀升，市场反馈的大量信息为公司的产品优化、技术升级提供了重要参考。同时，公司研发投入不断加大，研发人员的数量和质量快速提升，研发成果加速涌现。到 2013 年底，北汽新能源整个团队总共 400 人，其中研发团队就占到 300 人。2015 年，北汽新能源 EV 系列产品及其电驱动系统获得了国家级纯电动汽车科技进步一等奖。

2016 年至今，是北汽新能源发展的"跃升期"。近两年，"汽车四化"即电动化、智能化、网联化和共享化成为汽车产业发展的风向标，一切相关技术、产品和服务的升级改善都在"四化"之中开展，重新定义汽车。

2016 年 4 月，北汽新能源发布了"蜂鸟计划"。这是基于全新正向开发平台制定的面向未来十年、引领行业发展的技术战略，涵盖了 e-Motion Design（情感化设计）、e-Motion Drive（超级电驱技术）、LighTech（超级轻量化技术）和 i-Link（超级智能网联技术）四大技术体系，以汽车新"四化"及轻量化为契机，打造新时代纯电动汽车。

不仅如此，北汽新能源也在大力拓展人工智能在电动汽车上的应用。在 2018 年 4 月的北京车展上，北汽新能源正式发布了整车人工智能"达尔文系统"。这是北汽新能源融合人工智能、深度学习等先进技术，自主开发的具有自学习、自成长能力的智能整车技术体系，是北汽新能源面向新时代用户出行体验的系统设计方案，以及新一代北汽新能源汽车设计开发的基因母体。本次车展上展示的人工智能家轿典范 EU5 和 L3 级自动驾驶量产车型 LITE，正是"达尔文系统"的初步体现。

此外，4 月 26 日，北汽新能源 LITE 自动驾驶汽车正式获得了北京市自动驾驶道路测试牌照。未来，北汽新能源打造的纯电动汽车将更能"解放人""愉悦人"，为消费者带来极致的个性化体验。

三、触电智能　品质"一年一个台阶"

技术的创新和沉淀的结果是产品品质的不断提升，用车主的话说就是"一年一个台阶"。2015 年，李先生就购买了一辆北汽 EV150，当时市场上的纯电动汽车的续驶里程多在 150～220 公里，少有电动汽车能够达到 300 公里。但就在这将近 3 年的时间里，北汽新能源纯电动汽车已经由过去的 150 公里，逐年提高到 200~300 公里，再到 2017 年的 400 公里，甚至在 2018 年 4 月上市的 EU5 等速续驶里程已经达到了 550 公里。此外，相比于老款车型，陆续上市的新品不仅在续驶里程上有了较大提升，在外观、安全性、舒适性、智能化等配饰上，也更能满足不同用户的需求。

拿几款比较有代表性的车型来说。在众多产品中，正向开发的 EC 系列纯电动国民车，成为 2017 年新能源爆款车型，位列全球新能源汽车单一车型年度销量排行榜首位。

2017 年 9 月，全球首款人工智能纯电动小型车 LITE 正式开启预售，当时已实现半自动泊车、360 度全景影像、盲点探测等功能，在 2018 年北京车展上，LITE 还亮相了可满足 L3 级自动驾驶的新款车型。在轻量化方面，LITE 也是采用全铝合金轻量化车身+笼式框架设计的典范之作，其通过铆接工艺将连接强度较传统焊接提高了 25%，相比同尺寸的钢制车身能减重 30%，整备质量比 SMART 还轻 86 千克。同时，LITE 还是国内首款实现 C2M 客户定制化生产的新能源车型，可满足 48000 多种个性化定制需求。

据了解，LITE 其实是北汽新能源旗下高端品牌 ARCFOX 的"副牌"，ARCFOX 品牌旗下由中国人自己打造的全球首款纯电动 GT 跑车 ARCFOX-7，将作为 GT4 组别的官方领航车领跑 China GT 中国超级跑车锦标赛 2018 赛季。

北汽新能源党委副书记连庆锋表示，电动汽车跟传统燃油车的区别不仅在于减轻环境污染，更在于电动汽车作为更新、更强、更主流的技术发展趋势，将全面替代燃油车。智能化最合适的载体是新能源汽车。下一步，要发展无人驾驶，光靠原来机械化的产品而没有电气化的构架，是没有办法做到的。

未来，北汽新能源将把汽车打造成集科技时尚、品质体验、实用价值于一身的智能终端产品、移动生活空间和能源管理终端。

四、市场拓展　星火燎原

2013~2017 年，北汽新能源连续五年蝉联中国纯电动汽车销量冠军，更在 2017 年夺得全球纯电动车销量第一。同时，北汽新能源也是绿色出行的倡导者、新能源乘用车市场的破局者。

在电动汽车走向市场之初，曾完全不被用户所接受，北汽新能源多措并举起到了良好的市场宣导作用，并着力打消用户顾虑、持续改善用户体验，销量逐年成倍增长。从应用领域看，已由早期示范城市的公务用车、出租车等，扩大到囊括私家车、出租车、网约车、物流车、公务车、场地用车在内的整个绿色交通服务体系。

2012~2014 年，北汽新能源进行了郊区县出租车试运营、个人用户试推广等诸多从公共领域到私人领域的尝试。2014 年 6 月 5 日，北汽新能源面向全国发布了"卫蓝先锋行动"，在行业中率先推出企业补贴"卫蓝购车基金"，并聘请公众人物作为"卫蓝大使"带动纯电动汽车消费，终于在冰冷的市场"撕开了一道口子"。这一年的 7 月 13 日，北汽新能源首批 200 名车主正式交车，标志着国内纯电动汽车对私人市场销售破冰起航。

除了面向私人市场推广纯电动汽车，北汽新能源在分时租赁、物流车、出租车、网约车等公共出行领域也加大了市场推广力度。此外，建设公共充电设施，搭建线上充电服务平台，建立独立的销售和服务网络，通过"一揽子"解决方案打消了消费者的顾虑，有力地促进了市场发育。2015 年，北汽新能源实现销量 20219 辆，同比增长 269%；2016 年销量为 52187 辆，同比增长 160%。

2017 年，新能源汽车财政补贴正式开始退坡，市场化导向越发显现。而这一年，北汽新能源实施"国民车战略"，推出了不完全依赖于补贴的 EC 系列纯电动国民车。从 EC 系列的销量来看，1/3 销量是在有地方补贴、有限购政策的城市实现，1/3 是在有地方补贴、无限购的城市实现，还有 1/3 是在没有地方补贴也没有限购政策的城市实现，这说明新能源汽车已逐渐具备与燃油车竞争的实力。

从最初政策支持下的示范运行，到在少数有新能源汽车补贴的城市里推广，随着补贴城市的增多而快速蔓延，再到全国范围内的新能源汽车普及浪潮，北汽新能源用事实阐述了一个至简的道理——星星之火，可以燎原。

不仅如此，北汽新能源的国际化市场开拓也正在加速。LITE 车型已在 2017 年获得欧盟整车 WVTA 认证，成为中国首款获欧洲出口通行证的两门两座纯电动车。2018 年 6 月，北汽新能源换电车型 EU260 正式出口至墨西哥，投入当地的出租车运营。

五、模式创新催熟绿色出行生态

新能源汽车推广初期，消费环境较差，产品不够成熟，加上消费者都是第一次接触，还未形成良好的习惯。为了弥补这些不利因素，增强消费信心，北汽新能源决定打造专有的销售和服务网络，推出"智·惠·管家"服务，为用户提供全天候、无死角的应答和救援服务。

为解决用户充电焦虑，北汽新能源在主机厂中率先投入充电基础设施建设。截至 2018 年 3 月，已自建公共桩 4.65 万个、私人桩 3.3 万个。2015 年 4 月，推出了由主机厂打造的线上充电服务平台——"充电吧"，通过与 42 家运营商合作，覆盖 1.6 万个点位，12 万个充电桩，可以帮助用户实现车辆的充电状态查询和充电桩位置导航。

除了充电，北汽新能源还推出了更换一次电池仅需 2 分 46 秒的换电模式。这一模式具备不改变能量补充习惯、延长电池使用寿命、提升电池使用效率、充电过程更安全可靠、能够对电网起到削峰填谷作用，以及节约土地资源等诸多优势，受到用户的高度认可。截至目前，已在全国建成换电站 103 座，投放换电车辆 5000 余台。

2017 年 11 月，北汽新能源发布了"擎天柱计划"，通过把光伏发电、储能和电动车结合，真正实现了"端到端"的零排放，盘活了整个产业链的碳循环价值链，并以"削峰填谷、均衡分布"的方式，进入能源管理和服务领域。近期，北汽新能源还计划推出面向私人市场的车电价值分离模式。

另外，随着共享经济的蓬勃发展，分时租赁已成为新能源汽车市场普及的重要路径。北汽新能源是行业内最早推出分时租赁业务的车企，2014年就开始在科技部开展分时租赁解决公务出行问题，随后又在多个部委和企事业单位推广,并成立了两个专业公司为公务市场和社会市场提供运营服务。2017 年 5 月,北汽新能源倾力打造的"轻享出行"汽车共享平台,半年时间成长为全国第四大分时租赁运营商。

六、改革为创新保驾护航

北汽新能源从最初的国有独资企业,到最早实行股份制改革的新能源汽车公司,再到混合所有制改革、实施员工持股并在 A 股上市,始终走在国企改革的前沿。

2009 年 10 月,北汽新能源作为北汽集团的全资子公司注册成立,是国内第一家独立运营的新能源汽车企业。

2014 年 3 月,北汽集团联合北京工业发展投资管理有限公司、北京国有资本经营管理中心和北京电子控股有限责任公司等单位共同出资组建"北京新能源汽车股份有限公司",注册资本 20 亿元,北汽集团以 60% 的股权成为控股股东。北汽新能源由此成为国内第一家实现股份制改革的新能源汽车公司。

2016 年,北汽新能源成为北京市第一批启动混合所有制改革的国有企业,完成 30 亿元 A 轮融资,共吸引 22 家非国有资本进入,持股达到 37.5%。

2017 年 7 月,北汽新能源再次深化国企改革,引入央属企业、京津冀企业、地方企业、产业链伙伴四方面投资者,认购超过 20 亿股股份,募集资金 111.18 亿元,顺利完成了 B 轮增资。

B 轮增资完成后,北汽新能源共计有 33 家股东,仍然是一家国有控股混合所有制公司。其中,北汽集团等 8 家国有及国有控股股东合计持有公司 67.55% 股份,员工持股平台持有公司 0.41% 股份,23 家社会资本合计持有公司 32.04% 股份。

2018 年 3 月,戴姆勒大中华区投资有限公司完成了对北汽新能源 3.93% 股份的收购,成为北汽新能源股东之一。同时,北汽新能源也正在积极筹备重组上市事宜。自 2017 年 12 月 26 日重组方 S*ST 前锋发布公告，至 2018 年 2 月 12 日相关股改和重组方案获股东大会高票通过，耗时不足两月。6 月 1 日，相关方案正式通过证监会审核，北汽新能源即将正式登陆 A 股市场成为"中国新能源汽车第一股"。

通过一系列的深化改革，北汽新能源率先实现了从概念设计、研发创新、生产制造、营销推广到租赁服务等全价值链的联盟化布局，孵化出轻享科技、恒誉新能源、匠芯电池、北汽特来电等 20 余家新能源汽车相关企业。与此同时，北汽新能源与百度、华为、滴滴、戴姆勒、麦格纳、宁德时代、比亚迪、国轩高科、西门子等产业链伙伴的合作也不断加强，"朋友圈"越发壮大。

苟日新，日日新，又日新。北汽以新能源汽车为突破口，逐步实现传统汽车产业的转型升级，为壮大民族汽车工业、做强中国汽车品牌给出了一个行之有效的"北汽方案"。这一方案，在中国汽车产业近十年的发展中具有鲜明的代表性，不仅彰显出中国品牌汽车参与全球竞争的实力和担当，更预示着中国将加速由汽车大国向汽车强国转变。

第二章　创新驱动成就解放"领航员"

如今，一汽解放已经成为卡车市场的一面旗帜。

2016年、2017年，解放重卡销量连续行业第一；2017年，解放中重卡销量行业第一。在牵引车领域，解放份额高达30%，"每卖三辆牵引车，就有一辆是解放"，被誉为"神车"的460马力解放领航版的市场份额高达50%~60%。

第一汽车，实至名归。

一、细分再细分的产品创新

解放出色的销售表现，一方面源于GB1589标准实施带来的政策红利，但更重要的是产品竞争力的提升。进入2018年，解放保持优势、突破短板，为自己提出了"三个第一"的目标，即牵引第一、载货重回第一、自卸前进一位。在牵引、载货、自卸、专用四大品系基础上，为实现"三个第一"，解放品系产品倡导"市场导向+技术导向"，在满足用户需求的基础上实现产品适应性改进。

从2017年开始，解放基于地域特色打造南方款、北方款、四季款、西南款等产品，从用户价值链进行挖掘，深耕细分市场需求。2018年，解放将在此基础上进一步细分，根据目标用户群体需求打造更专注的产品。

下面我们从各品系的代表性案例入手，具象了解一汽解放"细分再细分"的产品创新：

1. 牵引车

一汽解放销售公司市场部市场战略研究室经理邵延德介绍说，2018年，解放主销的J6P领航版将在原有基础上进行14项升级，包括舒适性升级（如高配座椅、转向机）、可靠性升级（油滤长保用、高品质接口提升气密性、管线路优化）、轻量化升级（车桥、制动器降自重）、安全性升级（如全景影像满足用户倒车需求）、美观性升级（提升内饰材质）、智能化升级（全新车联网系统）等。

以针对高速物流和快递市场、重视出勤率的牵引车为例，解放联合国际供应商打造高品质产品。同时，这类用户对续驶里程和舒适性要求较高，解放为其打造 800 升+500 升油箱并对座椅进行升级。

当然，牵引车的覆盖范围也有相对较低端的煤炭运输市场，对此，解放积极引导动力升级，由以前的 9 升机产品引导升级至 11 升机产品。此外，GB1589 标准实施之后，轻量化产品受到追捧，特别是运煤用户，对自重非常敏感，轻量化也成为解放的重点工作。为进一步降低产品自重，解放针对煤炭市场专门打造轻量化产品，采用 435 桥和楔式制动器，单车降重近 160 千克，直接提高了运营收入。

既是挣钱机器，也是安全卫士。在尤其看重安全性的危化品运输市场，解放推出包括四方位全车影像、前碰撞预警、车道偏离预警、远程视频控制、胎压监测在内的"安全包"技术，可以针对用户需求提供选装。

2. 载货车

2018 年 3 月 31 日，2018 款 J6L 4×2 载货车全国总投放，一汽解放在中重型载货车市场再添利器。2018 款载货车采用宽体保险杠、防滑一级脚踏、外部明显功率标识，辨识度大大提高。同时，通过全新内饰、标配空气座椅、匹配座椅通风来实现舒适性提升，通过标配定速巡航、采用全新 8 挡箱、提高驾驶室密封性等手段实现车辆配置更先进。

在整体升级的基础上，解放还针对不同使用场景打造产品。例如，专门为快递用户打造 12 米 4×2（以前为 6×2 车型）厢式高性能载货中卡，动力方面，该产品搭载的发动机从 180 马力四缸机升级至 240 马力六缸机；对于快递用户关注的大容积货厢，解放优化的货厢容积相比竞品提升 4%左右，特别适合顺丰、圆通等主流快递企业。此外，针对经常要去池塘拉生鲜的水产运输载货车，解放通过提升功率保证起步能力、缩短轴距提升通过性及转弯灵活性，并配合小速比，提高运输时效性。

3. 自卸车

自卸车是解放过去的短板，如今有了明显提升。

比如在轻量化方面，解放开展了很多工作，针对变速箱、前轴、悬架等进行轻量化设计，使得底盘自重降至 8.3 吨，大大提升了用户收益。

高可靠性是自卸车用户的核心诉求。自卸车用户通常有固定货源，一旦车辆停驶就会带来巨大损失，因此解放在自卸车领域的重点工作是提高质量。同时，解放对自卸车进行功率升级，由之前主流的 9 升机升级至 420 马力的 11 升机，并配合使用自主的尿素气驱系统，结构更简单、可靠性更高，省去更换维护的麻烦。

自卸车的另一个重要使用场景是城市渣土车。解放 J6P 智能渣土自卸车轻量化、短轴距的特征使得转弯灵活，适合渣土运输工况。值得指出的是，该产品为政府提供自卸监管的完整解决方案，匹配含监控平台、故障诊断、车队管理、服务站导航等内容的智能管理系统，为用户提供了极大便利。

4. 其他

在专用车领域，解放的表现也可圈可点。随着交通部车辆运输车专项治理工作的开展，中置轴轿运车迎来购买潮。目前，解放中置轴产品实现全面覆盖，包括 J6L 6×2 中置轴轿运车、4×2 中置轴轿运车。在动力匹配方面，搭载 320 马力六缸发动机、10 挡变速器、空气悬架，可装 8~10 辆商品车。在中置轴轿运车领域，解放获得 37 个产品公告，是行业中覆盖较全的。

由于出色的经济和环保性能，气体机在近些年发展迅速，解放在燃气车领域不断加大投入。2018 年，解放气体机产品将覆盖 J6P 6×4 牵引车、J6L 4×2 载货车、8×4 和 6×4 自卸车以及 J6L 环卫车、J6P 搅拌车等。

产品创新不止步。上述升级产品将于 2018 年陆续投放市场，进一步满足不同细分领域的需求，并将助力解放持续领航。

二、最牛新车 J7

作为新中国汽车工业的摇篮，自 1953 年 7 月 15 日第一汽车制造厂奠基、1956 年 7 月 13 日解放牌卡车下线以来，一汽解放已经走过 65 年的发展历程。2007 年，解放自主研发的第六代 J6 下线，正式宣告中国高端重卡自主时代的到来，并就此铸就一汽解放在新时代的销量传奇。从 CA10 到新 J6，一汽解放与时俱进、不断创新，为中国卡车用户献上一代又一代成功车型。

如今，J6 正青春，J7 更震撼。作为立志要代表中国重卡行业最高品质和水准的产品，解放 J7 于 2011 年启动立项，历经 7 年磨炼，从外观到内饰、从配置到细节、从设计到制造都迎来脱胎换骨的转变。2018 年 4 月 18 日，比肩欧洲产品的世界级高端重卡解放 J7 下线，承载着一汽解放"国内领先，国际一流"的战略使命，它必将为一汽解放创造新的辉煌，引领中国商用车开启新的时代。

在一汽解放汽车销售有限公司海外事业管理部部长黑晓光看来，J7 的出现让解放有了与世界顶级卡车竞争的机会。"前不久有位俄罗斯客户在厂里参观，看到 J7 就上车感受，我听他一直在用俄语说'沃尔沃'，后来才知道，这个用户觉得 J7 可以媲美沃尔沃。"他说，J7 的动态、静态商品性都有质的飞跃，这是解放多年技术创新和积累的结果。

目前，J7 基本型正处在小批量推向市场阶段，用户反馈很好。后续扩展型也在开展工作，将在牵引车基础上开发危化品车、载货车等品种。

三、世界级"朋友圈"

产品创新升级不仅仅是整车厂一家的工作，全产业链协同才能取得最佳效果。时下流行的"朋友圈"概念，正是合作共赢理念的具体化。

从领航版开始，解放就与壳牌进行合作，率先实现机、箱、桥三大总成 10 万公里长换油周期。和领航版配套的康迈免维护轮端可以做到 50 万公里保养，每个轮毂 10 万公里更换润滑油，是其他品牌的 3 倍多。按每年行驶 12 万公里计算，这些先进技术和高品质零部件的使用，每年至少为用户节省 12000 余元并将年出勤率提高 5~6 天，树立了行业保养周期的新标杆。此外，解放还与福士、大陆、威伯科、克诺尔等国际顶尖供应商开展合作。

"我们和合作伙伴围绕用户需求进行产品创新，做到人无我有、人有我优。"一汽解放汽车有限公司产品管理部品系产品策划室主任韩睿举例说，解放南方款率先推出独立冷风、座椅通风，让用户在等货时使用独立冷风而不用启动车辆，在提高舒适性的同时降低油耗。

优势互补正是属于解放的合作创新模式，合作伙伴借助解放的行业领先销量提升市场影响力，解放则将自身的产品创新与合作伙伴的产品创新相融合，以最大程度满足用户使用需求为前提，围绕用户高关注度领域（如可靠性、舒适性、全生命周期成本最低）开展研发，不断提升产品竞争力，真正实现价值引领。

四、固体氨技高一筹

2017 年底，经过 7 年慢火细熬的固体氨 SSCR 技术推出，全行业为之震动。这项技术的推出，意味着解放将用户消费需求和环保需求做到了高度统一，为排放升级提供了另一种解决方案。

为什么这么说？首先要了解何为 SSCR 技术。它是以无机盐为载体，氨气为媒介，高效转化、杜绝结晶的先进氨供给技术。与传统的液态尿素比，SSCR 系统不存在无法蒸发、降低尾气温度、覆盖催化剂、堵塞载体等一系列问题。此外，不同于传统需使用液体尿素的 SCR 技术，SSCR 技术不需要频繁加注尿素，规避了 SCR 技术的堵、漏、结晶等问题，大大降低了故障率，同时不需要使用泵及喷嘴等易损件，大大降低了维护成本。

在前期试验车和小批量试用过程中，固体氨取得了较好的使用反馈。"北京和上海的 10 多辆国四牵引车、兰州 10 辆国四水泥搅拌车试用了固体氨，单车里程已经达到 10 万~20 万公里，用户反馈故障率很低。"一汽解放产品管理部产品项目管理办公室主管边海东表示，固体氨的续航里程能达到之前估算的数值，实现单罐 6000 多公里、双罐 10000 多公里，对长途运输用户很有吸引力；在使用成本方面，解放可以承诺，不管是国四还是国五阶段，固体氨一定比尿素使用成本低。

值得注意的是，SSCR 技术不仅满足国五标准的严格限值要求，更具备国六标准的升级潜质，为国家更高标准环保法规的实施提供了坚实的技术支撑。面对即将到来的国六时代，承担了国五阶段打响市场任务的固体氨未来的担子更重：在要求更严格的国六阶段，解放的固体氨产品规划将更全面，覆盖 3~13 升产品。

显然，扩大固体氨的使用范围是解放当前的重要工作。一汽解放商用车开发院高级主任张克金介绍说，固体氨主要围绕牵引车进行匹配，在自卸、载货领域也有开发计划，相关图纸文件已经落实，生产准备正在进行，2018 年会有一批匹配固体氨的车型上市。目前，SSCR 系统可匹配锡柴 11L、锡柴 13L 发动机，功率涵盖 420~550 马力，可选车型包括 J6P 系列及 JH6 等诸多车型，首台样车已于 2017 年 9 月 11 日下线。

五、兼顾技术与成本的国六

如今，国六标准还没正式发布，但解放早已着手准备，整车匹配已经启动，国六发动机开发工作进展顺利。

以解放引以为傲的长换油为例，由于技术路线从国五的 SCR 变为国六的 DOC+DPF+SCR，这给热管理带来很大难度，能否继续保持 10 万公里长换油是发动机面临的严峻挑战。解放通过技术创新，在满足排放标准前提下保持了这一优势。

此外，从发动机本体和后处理装置看，国六产品价格提高是必然的，而动力强、经济性好是解放的一贯优势，因此，解放重点关注产品价格控制，力争让用户不因排放升级负担太重。

六、新能源重在集成

环境保护是项长期且艰巨的任务，多管齐下才能事半功倍。对于汽车行业而言，除了要降低燃油车尾气排放，还要发展新的动力模式。传统能源与新能源，"两手抓、两手都要硬"。

　　新能源汽车风口当前，造车新势力不约而同投身其中，勇气可嘉，但前路漫长。有着 60 多年历史的一汽认为，造车最关键的是真正懂车。

　　"作为央企，一汽开发的产品必须对用户负责，必须经过充分验证。"一汽解放产品管理部副部长彭龙回忆的一段往事，为一汽的负责提供了最好注解："有一家合作伙伴对我说，他'没看到哪家企业像一汽这么苛刻地开发车'。新能源车看起来简单，但真正保证可靠性、耐久性、安全性，需要大量的开发、验证工作。"

　　2017 年，一汽解放新能源基地在青岛建成投产，J6F 纯电动物流车长途跋涉 2208 公里送抵用户，让行业见证了解放在新能源领域的信心和实力。

　　在新品开发方面，解放基于国家法规政策变化对产品调整升级，并根据自身的战略规划在一些领域实现突破并提供创新性产品。比如，目前正在开发的控制器，就是通过匹配技术来降低整车使用成本（如降低耗电量、故障率等）。"集成匹配是一汽多年来积累的优势，也是解放在新能源方面的主要突破点，概括来说就是三电控制策略，将电池、电机、驱动技术做到最优。"彭龙介绍说。

七、更聪明的车

　　都说做事最好莫过于"天时地利人和"，在智能驾驶上，一汽解放每一步都踩准了点。

　　2017 年，工信部、发改委、科技部联合发布的《汽车产业中长期发展规划》中提到："2020 年，汽车 DA（驾驶辅助）、PA（部分自动驾驶）、CA（有条件自动驾驶）系统新车装配率超过 50%，网联式驾驶辅助系统装配率达到 10%，满足智慧交通城市建设需求。到 2025 年，汽车 DA、PA、CA 新车装配率达 80%，其中 PA、CA 级新车装配率达 25%，高度和完全自动驾驶汽车开始进入市场。"这意味着，作为汽车产业转型升级的重要方向，无人驾驶汽车技术将和新能源汽车技术一起，成为中国汽车赶超世界先进技术的两大突破点。

此时，解放的智能化工作已经走在行业前列。

2017 年 4 月，一汽解放首次完成智能驾驶商用车实车场地测试；同年 10 月，L3 级别的高速编队辅助驾驶技术路试成功，这是国内商用车首次在高速公路环境下实现智能驾驶功能的应用。

2018 年 4 月 17 日，在中国一汽总部召开的吉林省支持中国一汽改革发展暨红旗品牌建设推进会上，吉林省委常委、长春市委书记王君正向中国一汽发放智能网联汽车道路测试牌照，其中就包括颁发给一汽解放的中国商用车首个智能网联汽车道路测试牌照。

2018 年 4 月 18 日，一汽解放的人工智能系统 UNI 正式亮相。具备自我学习能力的 UNI 在现场进行了一系列 L4 级智能车的视频展示和现场演示。作为首家演示编队行驶、车辆跟驰的企业，一汽解放展示的卡车智能编队行驶解决方案，是当代物流发展趋于完美的一种人性化运营管理方案，不仅可以减少运输企业对司机的需求，还可以降低车队驾驶员劳动强度、车辆油耗、安全事故、运输成本，极大提升车队盈利空间。

随着此次 L4 级系列智能车的成功发布，一汽解放已经全面开启智能车的整体战略布局。从高速公路编队行驶智能车、港口 ICV 专用集装箱运输智能车到电动智能洗扫车，再到智能矿用自卸车、城市智能物流车、城市智能公交车，一汽解放面向不同的物流运输行业、不同的生产领域，打造全行业的智能化产品集群，以独有的整车智能化平台，更好地满足市场未来需求，迎接商用车智能化时代的到来。

一步领先，步步领先。作为重卡行业"领头雁"的一汽解放再次抢下行业"智"高点，在保持销量领先的同时，用自己的"最强大脑"为高质量发展注入活力，在产业报国、工业强国的道路上，以强大的创新实力，引领行业向"汽车强国梦"更高峰迈进。

第三章　长城汽车：以创新战略奠定
自主品牌突围基调

改革开放 40 年的历程中，中国汽车产业走过了从无到有、从弱到强的成长之路；自主品牌迅速崛起，成为民族精神的象征和国民经济的中坚力量。在这些令人骄傲的成绩背后，凝结的是许多坚定的付出和高昂的投入。长城汽车的成长正是这个时代的缩影。如今，长城汽车收获了属于自己的荣光，同时也不停歇地把脚步迈向未来。

一、叫得响的名号

中国民族汽车工业的发展，在历代"汽车人"坚持不懈地努力下已经取得了历史性的成就，而这一切正在当代汽车产业从业者手中日渐升华。

2017 年，在乘用车领域，中国品牌的销量占比达到 42.5%；在 SUV 领域，中国品牌的销量占比达到了 60%。谈到中国汽车市场就不得不说 SUV 市场，这一细分市场是中国车市爆发式增长的福地，更是众多自主品牌茁壮成长的沃土；谈到 SUV 市场则不能忽略一个熟悉的名字——长城，它既是在国内外拥有众多用户的民族品牌，也将成为自主品牌成功实现品牌向上的急先锋。

长城汽车股份有限公司是中国最大的 SUV 和皮卡制造企业，产品涵盖 SUV、轿车、皮卡三大品类，拥有保定、天津两大整车生产基地，是世界上为数不多的具备发动机、变速器等核心零部件的自主研发配套能力的主机厂。2017 年，长城汽车累计销售 1070161 辆，连续两年年销百万辆。

长城旗下最为人们所熟知的是哈弗 SUV 车型，这一系列已连续 15 年保持中国销量第一。实际上，在皮卡市场，长城的领先优势建立得更早，长城皮卡已连续 20 年保持中国市场占有率、销量双项第一。

然而随着市场的日渐成熟以及消费需求的不断升级，以往自主品牌 SUV 在 10 万元级价格区间的堆叠使细分市场趋于饱和。与此同时，合资品牌 SUV 价格下探到以自主品牌为主的 15 万元区间，自主品牌的传统优势正逐渐被消解。寻求自主品牌的下一个突破口成了变局当中迫在眉睫的命题。

在此形势之下，长城汽车将目标转向豪华 SUV 领域。

以母公司积累的口碑和技术为基础，新品牌 WEY 凭借安全、豪华的产品特性，快速设定中国豪华 SUV 品牌标杆。2017 年 4 月 19 日，WEY 品牌首款车型 VV7 正式上市，定价为 16.98 万~18.88 万元。同年 8 月，WEY 品牌第二款车型 VV5 正式上市。一头扎进 15 万~20 万元这一常年被合资品牌垄断的价格区间，不能不说是一次冒险。

然而，惊喜很快就出现了。凭借优秀的产品实力，两款产品销量快速攀升，2017 年 11 月起，双双销量破万，在万辆俱乐部站稳脚跟。

更加令人振奋的是新品牌的市场表现。2017 年底，VV7 和 VV5 的单月表现已超出 Jeep、路虎等传统优势品牌。在同一价格区间，WEY 品牌旗下车型在市场上的销量表现已明显领先 Jeep 品牌相关车型，甚至是几倍领先路虎品牌的具体车型。

新品牌获得认可是长城汽车的成功，展示了以 WEY 为代表的自主品牌向上突围的决心和魄力，更是宣告中国品牌已经具备了走向世界、参与全球竞争的实力。

这样的说法得到了评估机构以及国内外媒体的支持。在 2017 年 2 月，国际著名品牌评估机构"品牌财经"发布的"全球 SUV 品牌力"排名中，哈弗超越吉普、路虎，位居第一。同年 9 月，WEY 品牌旗下的 VV5 车型，在法兰克福车展上被德国最具影响力的《焦点》周刊评为"设计最成功的五款车型"之一。

《汽车博览》（在德国乃至全球最具影响力的汽车杂志之一）评价："VV5 可能在一群年轻的群体中产生影响，WEY 品牌作为新宠儿来到国际汽车会展，将在世界范围内成为优质 SUV 的领军品牌。"

《德国商报》（德语商业报纸，被誉为"德国的华尔街日报"）："德国供应商纷纷表示期待 WEY 进驻欧洲，将力保中国豪华 SUV 欧洲市场的成功。"

《德国汽车周刊》（德国唯一汽车行业的商业与行业报纸）："抛弃偏见，外媒肯定中国汽车品牌发展，WEY XEV 颇受关注。"

《N-TV》（德国核心新闻资讯电视台之一）："XEV 尽显品牌未来鸿图。矩阵式自充电技术及品牌未来无人驾驶技术受主流媒体关注。"

《世界报》（德国跨地区发行日报，主要关注市场经济）："在多数中国汽车品牌国际市场受挫之后，WEY 将独占鳌头攻陷海外市场。"

《德意志通讯社》（德国最大通讯社）："WEY 品牌雄心勃勃。"

长城汽车的品牌力也实实在在地落到了账面上。2018 年 7 月 17 日，长城汽车发布 2018 年中期业绩预增公告："归属于上市公司股东的净利润约为人民币 36.8 亿元，同比增长 52.07%；归属于上市公司股东的扣非净利润约为 35.63 亿元，同比增长 70.22%"。各大金融机构和财经媒体纷纷给予买入评级。

二、数不清的努力

2017 年，是中国自主品牌成绩斐然的一年。长城汽车在这一年也收获颇丰。2017 年 4 月亮相新品牌 WEY，也快速攻城略地，2018 年年初用户已突破 10 万人。哈弗从高速增长到高质量发展，哈弗 2017 全年累计销量达 85.2 万辆，主力车型全面爆发。

然而没有凭空得来的成绩。长城之所以成为全球最具活力的汽车生产制造商，是因为其在发展战略、研发能力、能源路线三个方面大力投入、科学研判。

WEY 初步展现出了长城在动力总成方面的研发水准。VV7 和 VV5 搭载的湿式 7DCT 变速器，由行业顶级变速器专家哈德·亨宁先生带领 30 多名行业顶级专家，历时四年打造而成。亨宁先生拥有 30 多年变速器研发经验，曾就职于奔驰等知名汽车公司。为了保障产品高质量，配件供应商均选取大陆、博格华纳、舍弗勒等国际一流零部件巨头进行合作，并建设了国际一流的变速器实验室以及国内最先进、自动化水平最高的变速器生产工厂。

长城汽车以"专注、专业、专家"为品牌理念，秉承高科技装备、高性能设计、高品质产品的企业战略，以开放性与全球性战略眼光，坚持聚焦 SUV，令长城汽车近年来品牌价值不断提升。

长城汽车一直坚持研发"过度投入"策略，在进行新产品、新能源、智能汽车的研发及新技术中心建设的同时，构建以保定总部为核心，涵盖欧洲、日本、北美、印度的全球研发布局。

哈弗新技术中心是国内规模最大、国际一流的整车研发技术中心，总建筑面积 26 万平方米，包含研发中心、试制中心、试验中心、造型中心和数据中心五大区域。可完成产品企划、造型规划、工程设计、产品试制及试验等完备的整车产品开发工作，可同时容纳万人进行办公。其中，试验中心包括环境风洞试验室、高海拔环境模拟试验室、EMC 试验室、整车四驱 NVH 半消音试验室等 14 类大型综合试验室，均处于国际领先水平。

2018 年 1 月成立的长城汽车奥地利研发有限责任公司，为长城汽车建立起辐射欧洲市场的研发中心。该公司的经营范围主要围绕新能源汽车、汽车零部件开展，目前主要是新能源驱动电机、控制器产品的研发，拥有在驱动电机和控制器领域经验丰富的国际化研发团队，计划到 2020 年达到 2000 万欧元的研发规模。

同样在 2018 年 1 月，长城日本研发中心正式开业，这是长城汽车投入运营的第一个海外技术中心。下一步将通过引进日本在新材料、新能源等方面的先进技术，研发更加安全、智能、环保的汽车产品。

长城汽车在技术研发上的大力投入由来已久。早在 2013 年，长城汽车试验场就已全面投入使用。该场地总投资 10 亿元人民币，聘请西班牙 IDIADA 公司布置设计，占地 114 万平方米，是首个由中国民族品牌车企兴建的综合性试验场。试验场内包含高速环道、动态广场、测试山、模拟城市广场和操纵性路等 10 个模块 76 种典型测试路面，总试验里程 45 公里。试验场高速环道内部为整车及零部件生产工厂，试验场与工厂嵌套布局，为国内首创。

其中，高速环道全长 7019 米，最大超高角为 43.9 度，弯道最高设计平衡车速为 240km/h；动态广场直径 300 米，测试车速高于 160km/h；城市广场可用于智能交通系统（ITS）和高级驾驶辅助系统（ADAS）的测试，为国内首创，国际领先。

在 2015 年，长城汽车全年研发支出 27.61 亿，同比增长 7.35%，研发投入总额占营业收入 3.63%。

长城汽车在研发能力上的进步也应当归功于其人才战略。长城汽车将"外聘专家、内构团队、持续提升"作为企业持续健康发展的着眼点，强调国际导师型专业人才引进模式与人才培养体系建设相结合，为企业和品牌发展建立了宝贵的人才资源库。

新能源汽车领域，得益于扎实的布局，长城汽车现已拥有足够的量产技术储备。长城汽车已经完成新能源电机试验室、新能源动力总成试验室、新能源硬件在环仿真试验室的建设，已具备新能源汽车整车集成、控制系统自主开发、动力系统匹配、整车及电驱动系统测试评价等关键技术研发能力。长城汽车旗下 WEY 品牌新能源车型 P8 计划将于 2018 年正式上市。

三、看得到的未来

对实干家来说，未来不是用来预测的，而是用来打拼的。长城汽车的路在脚下徐徐展开，能够清晰地看到，这条路朝着智能网联、自动驾驶以及新能源汽车的方向无尽延伸。

在互联互通成为主旋律的新时代背景下，在通往成功的路上几乎不存在独行者。所幸，长城汽车向来不缺乏可以信赖的盟友。长城汽车已经成为百度正在自动驾驶领域推行的阿波罗计划重要的战略合作伙伴之一；在汽车的智能网联方面，长城汽车与华为一直深度合作，在保定搭建了国内领先的智能驾驶试验场。同时，长城正在自主研发的智能驾驶系统，在 2020 年前后将实现高速公路自动驾驶，2023 年实现市区开放式道路的自动驾驶，2025 年，将实现无人干预的完全自动驾驶。

长城汽车把握住了中国在互联网领域的优势。中国企业在人工智能、大数据、物联网领域，已经具备领先全球的实力。

长城汽车的新能源战略，包括纯电动车、混合动力车和氢燃料车，未来 5 年内，在新能源领域的研发投入，将超过 200 亿元，打造新能源"三电"核心技术的领先优势和氢燃料技术领先优势。

产品规划上，2018 年，长城将推出纯电动专属品牌——欧拉，有 3 款 A00 级纯电动车上市；同时 WEY 品牌将有一款混合动力 SUV P8 上市；2019 年，将有 2 款 A 级纯电动 SUV 车型上市。到 2025 年，长城汽车的销量目标是 200 万辆，其中纯电动汽车销量为 70 万辆，燃料电池等新能源汽车销量为 30 万辆。长城也将加强与世界一流的汽车品牌合作，实现新能源技术的领先，追求在新能源汽车领域实现弯道超车。

过往 5 年，长城汽车仅研发投入就超过 160 亿元，研发投入占营业收入的比例超过 4%。长城拥有 5337 项技术专利，连续 4 年专利申请量居河北省第一，专利申请覆盖欧盟、北美、俄罗斯等 60 余个国家和地区。长城汽车的"1.5T"发动机采用了缸内直喷、连续可变气门升程等技术，获得了"中国十佳发动机"称号；长城的 7DCT 自动变速器获得"世界十佳变速器"称号。

作为一家不断向高端化迈进的整车制造商，长城汽车的战略布局立足于全球市场，其全球战略包括研发全球化、人才全球化、合作全球化、市场全球化、品牌全球化。

在哈弗品牌的培育过程中，长城汽车就已经意识到"只有全球的技术、全球的人才，才能支撑全球的哈弗"。这一宝贵经验为长城汽车日后的全球产业布局埋下了伏笔。

现在长城在美国洛杉矶、欧洲奥地利、日本东京和印度孟买都建立了技研中心，并与世界一流的汽车配套企业如博世、大陆、奥托立夫等建立了长期战略合作关系；在北美的建厂计划正在落实之中，在俄罗斯的工厂将在 2018 年年底竣工。

2018 年 7 月，长城汽车与宝马的合资又开启了双方在新能源汽车市场的新篇章。宝马的技术积累和市场成功经验将与长城汽车的本土实力形成互补，使长城汽车在新能源领域启动伊始就跃上国际化、高端化的起点。同时，与宝马的合作将进一步帮助长城汽车实现在产品技术以及海外市场管理方面的提升。

　　作为中国民族汽车工业的代表企业之一，长城汽车紧紧抓住历史性窗口期、战略性机遇期，在新能源汽车、智能互联、人工智能的等领域扎实地推进创新研发，为品牌、行业乃至民族工业开拓更广阔的疆域。

附　录

关于组织开展新能源汽车产业
技术创新工程的通知

财建〔2012〕780号

各省、自治区、直辖市、计划单列市、新疆建设兵团财政厅（局）、工业和信息化主管部门、科技厅（局）：

为贯彻落实《国务院关于印发节能与新能源汽车产业发展规划（2012～2020年）的通知》（国发〔2012〕22号），进一步提高新能源汽车产业技术创新能力，加快产业化进程，报经国务院批准，财政部、工业和信息化部、科技部将组织实施新能源汽车产业技术创新工程。

为加强资金管理，提高资金使用效益，我们制定了《新能源汽车产业技术创新工程财政奖励资金管理暂行办法》（见附件），现印发给你们，请遵照执行。

请你们按办法的有关要求，抓紧组织符合条件的企业进行申报（具体的申报指南将另行发布），并积极推动企业联合有关单位加强自主技术创新，扎实推进我国新能源汽车重大关键技术突破与产业化进程。

附件：新能源汽车产业技术创新工程财政奖励资金管理暂行办法

财政部　工业和信息化部　科技部

2012年9月20日

新能源汽车产业技术创新工程财政奖励资金管理暂行办法

第一章　总　则

第一条　为加快新能源汽车产业技术创新和产业化进程，财政部、工业和信息化部、科技部组织实施新能源汽车产业技术创新工程，中央财政从节能减排专项资金中安排部分资金（以下简称奖励资金），支持新能源汽车产业技术创新。为加强财政资金管理，提高资金使用效益，特制定本办法。

第二条　奖励资金安排和使用将坚持"集中投入、重点突破"的原则，重点支持全新设计开发的新能源汽车车型及动力电池等关键零部件。

全新设计开发的新能源汽车车型由整车企业牵头，并联合电池、电机、电控等零部件企业和有关研发单位，形成产学研产业技术创新团队，进行联合设计攻关；关键零部件主要指动力电池关键材料、生产工艺、制造装备的研究与开发等。

第三条　奖励资金的安排和使用接受社会各方面监督，确保财政资金使用的安全性、规范性与有效性。

第二章　支持对象与条件

第四条　奖励资金支持对象包括新能源汽车整车项目（包括纯电动、插电式混合动力、燃料电池汽车）和动力电池项目两大类。

第五条 申请奖励资金的企业应当具有较强的研发能力和产业化基础。其中，整车企业必须具备新能源汽车整车设计集成和持续开发能力，研发投入占主营业务收入不低于一定比例；动力电池企业应掌握核心技术，并具有较强的研发、生产和售后服务保障能力，拥有电池单体的知识产权。鼓励开展产学研联合技术攻关。

第六条 奖励资金支持的新能源汽车整车和动力电池项目的技术指标将另行制定发布。

第三章　奖励资金申请与审核

第七条 省级财政、工业和信息化、科技部门负责本地区企业（包括中央直属企业）有关项目的推荐。申报企业按相关要求编制新能源汽车产业技术创新工程申报材料，并按属地原则经企业注册所在地省级财政、工业和信息化、科技部门审核、汇总后上报财政部、工业和信息化部、科技部。

第八条 财政部、工业和信息化部、科技部将组织专家对申报材料进行评审，根据评审结果选择支持项目并对项目实施方案进行批复。

第九条 财政部、工业和信息化部、科技部将对拟支持项目在网上进行公示，接受社会监督。

第四章　奖励资金拨付与绩效考评

第十条 财政部会同工业和信息化部、科技部根据技术研发和产业化投入等情况核定支持项目奖励资金数额。

第十一条 有关企业应根据批复的方案，抓紧开展项目实施工作。有关省级财政、工业和信息化、科技部门应动态掌握项目进展情况，并及时将进展情况报财政部、工业和信息化部、科技部。财政部、工业和信息化部、科技部将及时跟踪了解所支持项目的进展情况，并组织专门机构进行评估。

第十二条 财政部将根据项目进展情况及有关评估意见分期分批拨付奖励资金，其中：实施方案启动后拨付 40%，中期评估通过后再拨付 50%，完成实施方案并通过验收后再拨付剩余的 10% 资金。对进度较慢的项目，将视情况缓拨或停拨奖励资金；对未达到预计目标的项目，将相应扣减奖励资金。

第五章 资金监督管理

第十三条 各项目申报企业对申报材料的真实性负责。对弄虚作假、骗取财政奖励资金的企业或单位，将采取加倍扣减奖励资金、对社会曝光等方式予以惩罚。

第十四条 奖励资金必须专款专用，任何单位不得以任何理由、形式截留、挪用。对违反规定的，将依照《财政违法行为处罚处分条例》（国务院令第 427 号）等有关规定，依法追究有关单位和人员的责任。

第六章 附 则

第十五条 本办法由财政部、工业和信息化部、科技部负责解释。

第十六条 本办法自印发之日起实施。

参考文献

［1］邸晓燕，张赤东. 企业创新动力：概念、模式及分析框架［J］. 科技管理研究，2017（17）：16-22.

［2］郭铁成，张赤东. 经济创新度与经济体创新评级［J］. 中国科技论坛，2014（12）：5-13.

［3］迟凤玲，郭铁成. 启动新能源汽车私人消费的政策建议［J］. 创新科技，2011（12）：17-19.

［4］郭铁成，孔欣欣. 外资在华研发战略和我们的对策［J］. 创新科技，2008（12）：21-23.

［5］路风. 自主开发是振兴中国汽车工业的唯一出路［J］. WTO 经济导刊，2004（9）.

［6］路风，封凯栋. 中国汽车业：从神到猴的蜕变［J］. 中国改革，2004a（4）：10-15.

［7］路风，封凯栋. 中国汽车工业的自主开发之路［J］. 中国军转民，2004b（7）：28-39.

［8］路风，封凯栋. 为什么自主开发是学习外国技术的最佳途径？——以日韩两国汽车工业发展经验为例［J］. 中国软科学，2004c（4）：6-11.

［9］路风，张宏音，王铁民. 寻求加入 WTO 后中国企业竞争力的源泉——对宝钢在汽车板市场赢得竞争优势过程的分析［J］. 管理世界，2002（2）：110-127.